HAGA DISCÍPULOS INTENCIONALMENTE

CULTIVO DE LA MADUREZ ESPIRITUAL
EN LA IGLESIA LOCAL

Ron Bennett

Traducido por
Francisco Almanza

Editorial Mundo Hispano

Editorial Mundo Hispano

Apartado 4256, El Paso, Texas 79914, EE. UU. de A.

www.editorialmh.org

Publicado originalmente en inglés por NavPress, bajo el título *Intentional Disciplemaking*, ©copyright 2001, por Ron Bennett.

Editores: Juan Carlos Cevallos y Rubén O. Zorzoli
Diseño de la portada: Carlos Santiesteban

Primera edición: 2003
Clasificación Decimal Dewey: 248.4
Tema: Discipulado - adulto

ISBN: 0-311-13671-0
EMH Núm. 13671

4 M 10 03

Impreso en Bielorrusia
Printed in Belarus

PRINTCORP. LP # 347 of 11.05.99. 40 Staroborisovsky Trakt, Minsk, 220141. Or. 03147. Qty 4 000 cps.

A Papá
por su contagioso espíritu de aventura

A Mamá
por su persistente protección por medio de la oración

Contenido

Prefacio

▓

¿**P**OR QUÉ OTRO LIBRO sobre discipulado? Después de todo, ¿no están haciendo discípulos todas las iglesias? ¿No madura la gente con sólo ofrecerle compañerismo auténtico, adoración creativa y predicación sólida? Con tantos programas que ya llenan el calendario de la iglesia, ¿quién tiene tiempo para meterse en más cosas como esas? A los líderes de la iglesia les cuesta conseguir suficientes miembros para que sirvan en la manera en que está organizada ahora. Encima de todo lo demás, muchas iglesias están creciendo y manejando las multitudes ofreciéndoles dos cultos o lanzando campañas para construir más edificios.

Típicamente el crecimiento de la iglesia conlleva más gente, instalaciones más grandes, presupuestos crecientes, más personal y multiplicidad de programas. Sin embargo, este libro no trata del crecimiento numérico de la iglesia; es acerca de la profundidad, de la madurez espiritual de líderes y comunidades por medio de hacer discípulos intencionalmente. Para evaluar la necesidad de este tipo de enfoque, aun en los ministerios más ocupados, considere las siguientes preguntas para despertar conciencia:

¿Qué impacto hace su ministerio en la cultura en la que existe? ¿Cuánto moldea la moral, el carácter, el orden de las cosas, las percepciones y el criterio del mundo de los que están en la comunidad local? ¿Actúa por iniciativa propia o influyen sobre usted?

¿Cuán eficiente es su ministerio para poblar el cielo y despoblar el infierno? ¿Se añaden nuevos ciudadanos al reino de Dios o sencillamente se cambian de iglesia? ¿Se logran discípulos auténticos de los que se convierten al cristianismo?

¿Han cambiado radicalmente las vidas de los creyentes como resultado del encuentro de ellos con el ministerio que usted realiza? ¿Tiene lugar una transformación o sencillamente los miembros se conforman a un juego de normas religiosas? ¿Realmente se manifiesta la semejanza a Cristo por medio de la vida de los individuos creyentes en privado y en la comunidad?

Este libro se enfoca en cambiar la manera en que usted considera el proceso de discipulado. Los discípulos se hacen, no nacen. En otras palabras, a diferencia de la mala hierba, los discípulos no ocurren así como así. Más bien, brotan y florecen hasta la completa madurez cuando los individuos cristianos y las comunidades se concentran en desarrollar madurez espiritual en la manera en que lo quiso Jesús: seguirlo muy de cerca en cada aspecto de la vida.

Los ministerios paraeclesiásticos normalmente tienen éxito al crear comunidades que hacen discípulos intencionalmente en las universidades o en bases militares. Allí, muchos hombres y mujeres son lanzados en el proceso del discipulado. Sin embargo, cuando se mudan a otras comunidades e iglesias, a menudo encuentran una desconexión entre lo que han experimentado y lo que las iglesias modelan en general.

El discipulado nunca ocurre en aislamiento (desde una mentoría de persona a persona hasta un alcance colectivo), así que, ¿cómo puede un ministerio cultivar un ambiente en el cual se espera madurez espiritual y que el fruto de la madurez influya en la cultura dominante? Se ha escrito mucho acerca de lo que se necesita para hacer esto. No es mi propósito repetir esa información. Más bien, los directores de ministerios pueden usar este libro para obtener ideas frescas sobre la manera de hacer discípulos que sepan cómo hacer otros discípulos, aquellos que sienten pasión por esta misión cristiana.

Su ministerio puede ser con adolescentes, con jóvenes, con adultos, o con una combinación de todos. Puede ser con grupos pequeños o con educación de adultos. Usted puede ser un pastor, un anciano o director de un ministerio especializado. Usted puede ser el iniciador de una iglesia en una casa o de un ministerio en el ambiente de negocios. Cualquiera que sea el caso, si usted tiene una visión y un corazón para desarrollar generaciones espirituales múltiples de discípulos fructíferos, ¡este libro es para usted!

Reconocimientos

MI MEJOR AMIGA, mi esposa Mary, ha sido una constante fuente de aliento y apoyo en la aventura de preparar este material. Ella ha sido mi socia en el ministerio y mi más grande admiradora. Sin su apoyo, yo nunca habría intentado poner estas ideas por escrito. Su oído atento y su sabiduría tranquila han contribuido más de lo que ella sabe.

Bob Walz, juntamente con otros del personal de Los Navegantes, ha sido una fuente de ideas y desafíos. Bob especialmente ha sido una caja de resonancia y un refinador de ideas. Su constante desafío fue: "decirlo de la mejor manera".

CAPÍTULO UNO

¿Desarrollo espiritual detenido?

Debiendo ser ya maestros por el tiempo transcurrido, de
nuevo tenéis necesidad de que alguien os instruya desde
los primeros rudimentos de las palabras de Dios. Habéis
llegado a tener necesidad de leche y no de alimento sólido.

Hebreos 5:12

CRECER ES tan común y previsible que se da por sentado.
Hasta mayo de 1975, cuando nació nuestro primogénito, mi
esposa Mary y yo pensábamos que solamente teníamos que sen-
tarnos y verlo suceder. Habíamos estado planeando y anticipan-
do ansiosamente el milagro como solamente los padres primeri-
zos pueden hacerlo. Habíamos preparado el cuarto, tomado clases
prenatales y ahorrado para el pago del hospital. El trabajo estaba
hecho ¡y nosotros estábamos listos!

Nuestra expectativa aumentó cuando se iniciaron los dolores
de parto de Mary. Al ir camino al hospital anticipábamos pasar
por el evento del nacimiento para poder empezar el emocionante
proceso de criar una familia. Habíamos pasado horas hablando
acerca de lo que sería tener un bebé que empezara a caminar, y
que luego fuera un niño, luego un adulto joven y luego un padre
o una madre. Rememorábamos acerca de nuestra propia niñez:
cuáles partes habían sido difíciles y cuáles habíamos disfrutado y
criticábamos las prácticas de crianza de nuestras familias, deci-
diendo lo que usaríamos y lo que descartaríamos.

Muchas horas después de llegar al hospital esa mañana, Bryan
entró a nuestro mundo y abrió este largamente esperado nuevo capítulo de descubrimiento y crecimiento. Sin embargo, apenas había-

mos comenzado a mirarlo cuando las enfermeras envolvieron a nuestro bebé y se lo llevaron rápidamente a otro cuarto para observación. Mary aprovechó ese tiempo para disfrutar de un bien merecido descanso, y yo me fui a la cama en casa agotado de mi participación en los ejercicios de respiración durante el parto. Cuando el teléfono sonó, pensé que me había quedado dormido todo el día y que se me había pasado regresar al hospital a visitar a la familia. Primero levanté el despertador. Antes de bajarlo y tomar el teléfono, noté con alivio que solamente había pasado una hora desde que había llegado a casa y colocado mi cabeza en la almohada.

Mary hablaba al otro lado de la línea, pero pronto su voz se quebró al darme las malas noticias y empezó a llorar. Fue entonces cuando el pediatra tomó gentilmente el teléfono de su mano para explicarme: "Bryan tiene alguna dificultad para respirar", empezó el doctor. "Hemos examinado su corazón y sus pulmones y están bien. Creemos que el problema está en su cerebro".

Los veinte minutos de viaje de regreso al hospital me parecieron una eternidad, mientras tanto yo creaba y recreaba toda clase de argumentos concebibles para calcular lo que podía haber salido mal. Finalmente razoné que cualquier cosa que pudiera estar pasando podía solamente ser temporal, dado el poder de la medicina moderna. Para calmar mis nervios me recordé que Mary estaba bien, que esta crisis sólo representaba un pequeño bache. Nosotros lo superaríamos.

Tan pronto como llegué al cuarto de Mary el personal del hospital nos trajo a Bryan. Los cables, los monitores, los tubos intravenosos y los ayudantes en torno a él creaban todo un espectáculo, pero no por mucho tiempo. El doctor entró para informarnos de la condición de Bryan y nos aconsejó transportarlo inmediatamente a una unidad de cuidado intensivo neonatal a 100 km de distancia. Rápidamente firmamos los formularios necesarios y miramos al personal del hospital salir apresuradamente del cuarto dejándonos en el ensordecedor silencio de nuestro dolor, temor y lágrimas.

Bryan tiene ahora 25 años de edad. Aunque él ha estado como trescientos meses —9.125 días— en la Tierra, nunca ha caminado, nunca ha visto el sol y nunca ha dicho "Papá" o "Mamá", nunca ha jugado al fútbol, ni ha atravesado corriendo el agua del rociador de agua del jardín, ni nos ha dado un abrazo. Inmediatamente después de su nacimiento, Bryan se convirtió en un prisionero de su propio cuerpo cuando un severo daño cerebral le creó múltiples invalideces que obstruyeron permanentemente su proceso de maduración. Consecuentemente, él ha tenido 25 años de vida, pero solamente nueve meses de desarrollo normal, saludable.

Porque somos sus padres lo amamos profundamente, tanto como amamos a nuestros otros tres hijos; sin embargo, su incapacidad para madurar le ha robado, y a nosotros, el propósito de Dios para la vida. Hemos aprendido a aceptar a Bryan tal como él es y a relacionarnos con él a su nivel de entendimiento. Porque él no puede ver, sencillamente lo tocamos. Porque él no puede hablar, nosotros le hablamos. Porque él no puede alcanzarnos, nosotros lo abrazamos. Sin embargo, ocasionalmente nos preguntamos cómo sería la vida si Bryan hubiera crecido.

Dios debe sentir una tristeza y un dolor similares cuando sus hijos se quedan "atascados" en la infancia, la niñez o la adolescencia espiritual, cuando nunca alcanzan la adultez espiritual con todos los privilegios y responsabilidades que conlleva. Por supuesto, el amor de Dios, y no obstante, permanece constante e inmensurable; pero como un padre humano, Dios también puede sentir desilusión, dolor y pérdida.

Ciertamente algunos cristianos permanecen en esta clase de infancia espiritual decepcionante, porque por una u otra razón no quieren crecer. Sin embargo, muchos se quedan "atascados" porque a los líderes de la iglesia les falta el conocimiento, las habilidades y los recursos para desarrollar seguidores de Cristo saludables y maduros. Esa es la mala noticia. La buena es que los líderes de la iglesia pueden llegar a ser más decididos en cuanto a hacer discípulos: cristianos maduros que practican su fe, la comparten y la reproducen en otros.

Considere su iglesia. ¿Están los líderes comprometidos en la creación de un ambiente que apoye un crecimiento espiritual saludable para toda la vida? ¿La gente es entrenada y fortalecida para ser padres y madres espirituales eficaces? ¿Es la inmadurez un resultado de tener información sin oportunidades para aplicarla a su vida? ¿Espera usted que solamente eventos clave desarrollen madurez en cada miembro?

Durante el tiempo de Cristo, "discípulo" era una palabra común que describía a alguien adherido a las enseñanzas de otro. El significado esencial giraba en torno al aprendizaje, y por siglos estuvo de moda ser conocido como un seguidor de alguien. De aquí que discípulos siguieron a Moisés, a Sócrates, a Platón y hasta a los fariseos, pero Jesús tomó esta palabra común y la definió de nuevo. Él le dio un nuevo significado. Para Cristo, discipulado era seguirlo a él, no solamente sus principios, sus ideas o su filosofía. No era primeramente conceptual, sino relacional y personal. No era un ideal vago, sino una relación concreta que tenía definición. Por ejemplo, él terminaba las declaraciones de enseñanza diciendo: "Sin esto no podéis ser mis discípulos".

Un resumen de los Evangelios revela que Jesús daba específicamente puntos de referencia en cuanto a lo que hace que uno sea discípulo: compromiso, competencia, carácter y convicción. Aunque no es exhaustivo, lo siguiente describe lo que Jesús esperaba cuando él ordenaba a sus apóstoles "haced discípulos".

Compromiso

Grandes multitudes viajaban con Jesús, y volviéndose a ellas él decía:

> Si alguno viene a mí y no aborrece a su padre, madre, mujer, hijos, hermanos, hermanas y aun su propia vida, no puede ser mi discípulo. Y cualquiera que no toma su propia cruz y viene en pos de mí, no puede ser mi discípulo (Luc. 14:26, 27; ver también Luc. 9:23, 24).

En el tiempo de Cristo bastaba con adherirse a la instrucción de un maestro. Era una relación maestro/alumno, después de todo. Sin embargo, los discípulos del Mesías necesitaban estar entregados a la *persona* de Jesús, no a una causa, no a una iglesia, no a un ideal y ni siquiera a un conjunto de verdades; porque con Jesús todo depende de quién era y es él. Su enseñanza fluía de su persona. Aunque parezca increíble, usted puede seguir las enseñanzas de Cristo y nunca reconocer realmente quién es él (diferente del Padre y del Espíritu Santo) y mucho menos comprometerse a imitarlo.

Hay muchas áreas en la familia de Dios que permiten mezclarse y ser interdependiente, pero el discipulado no es ninguna de ellas. Podemos aprender en grupos, podemos servir en equipos, podemos adorar como familia, pero solamente podemos ser discípulos individualmente. Un ministerio que procura hacer discípulos debe apoyar la responsabilidad personal y la confiabilidad requeridas para desarrollar el discipulado individual. Puede usar una variedad de métodos, pero siempre debe traer el discipulado al nivel personal de cada individuo.

Fue este principio el que me atrajo y también me atemorizó al principio de mi caminar con Cristo. Me complació descubrir que Cristo me llamó personalmente a seguirlo. Yo era significativo, valioso e importante para él. Yo no era solamente un nombre sin rostro en un mar de humanidad. En la universidad yo era un número en una computadora. Con Cristo, yo era un individuo singular.

Yo apreciaba que Dios ve a cada persona como un Abraham, como el principio de muchas generaciones. En medio del caos y de la confusión, Dios todavía busca a un hombre o a una mujer que levante el muro y se ponga delante de él para interceder por la tierra (ver Eze. 22:30).

Conforme yo me volvía más serio acerca de mi fe, comprendía que el desafío de Cristo para seguirlo hacía que me retorciera. No había nadie detrás de quien pudiera ocultarme. Él me pedía negarme a mí mismo, tomar mi cruz y seguirlo. Aquí no había esfuerzo de equipo; solamente Jesús y yo.

Yo sabía que mi jornada con Cristo dependía de mi disposición para soltarme y extender mi mano y ponerla en la suya. Cada vez que yo daba otro paso de compromiso y entrega, comprendía la verdad de su promesa: "Venid a mí... y yo os haré descansar... mi yugo es fácil, y ligera mi carga" (Mat. 11:28, 30).

Cualquier ministerio que sea intencional acerca de hacer discípulos alentará este tipo de compromiso para crecer como un aprendiz de Jesús. ¿Por qué? Porque el compromiso es básico para conocer a Cristo y buscar primero su reino. Sin compromiso el discipulado no puede lograrse.

Competencia

> Si permanecéis en mí, y mis palabras permanecen en vosotros, pedid lo que queráis, y os será hecho. En esto es glorificado mi Padre: en que llevéis mucho fruto y seáis mis discípulos (Juan 15:7, 8).

Una joven mujer se había agotado por varios años de criar a sus niños preescolares. Por haber estado tanto tiempo en casa, se sintió ansiosa cuando fue invitada a salir a cenar con su esposo y la junta de directores de la compañía donde él era empleado. Ella estaba preocupada porque su vocabulario se había reducido solamente a monosílabos, y se preguntaba si podría conversar de algo que no fuera Plaza Sésamo. Sin embargo, la velada pareció transcurrir sin problemas.

Durante el regreso a casa ella se arriesgó a pedir la opinión de su esposo: ¿Había hablado ella como un adulto? ¿Se había puesto en vergüenza o lo había avergonzado a él? Él le aseguró que ciertamente ella había parecido muy conocedora de gran variedad de temas y había usado palabras muy elevadas. Con un suspiro, ella se reclinó en su asiento hasta que él añadió su comentario final: "Sin embargo, la próxima vez, por favor ¡déjame que yo mismo corte mi carne!".

Hablando espiritualmente, cada uno necesita su propio

cuchillo y tenedor. Pablo le recuerda a Timoteo: "Procura con diligencia presentarte a Dios aprobado, como obrero que no tiene de qué avergonzarse, que traza bien la palabra de verdad" (2 Tim. 2:15). Muy a menudo, sin embargo, la competencia espiritual nunca se desarrolla. Por ejemplo, recientemente visité a una pareja que acababa de cambiar de iglesia —otra vez— debido a una forma de inmadurez espiritual. "No estábamos siendo alimentados", se quejaban. Ciertamente el liderazgo de la iglesia debe alimentar a su rebaño, pero algunas veces los líderes inconscientemente mantienen a la gente dependiente de comida procesada en vez de ayudarles a aprender la manera de procesarla ellos mismos. Los cristianos inmaduros siempre dependen de alguien más para que les exponga la Palabra.

Por lo tanto, el discipulado eficaz incluye enseñar pericia para alimentarse a sí mismo: competencia para estudiar la Biblia y para aplicarla al diario vivir. El lema de la comunidad discipuladora debiera ser: "¡Cuchillos y tenedores para todos!".

A mediados de la década de 1980 yo servía como uno de los ocho ancianos que luchaban en la iglesia con su posición bíblica sobre cierto asunto. Después de que el pastor presentó el asunto, pidió a cada anciano que estudiara la Biblia en busca de entendimiento. Estuvimos de acuerdo en estudiar y regresar al mes siguiente preparados para discutir el asunto y definir la posición de la iglesia.

Cuando volvimos a reunirnos, el pastor repasó el asunto y pidió discusión. ¡Sólo obtuvo silencio! Solamente él y yo habíamos hecho un estudio personal. Uno de los ancianos hasta se volvió a mí y susurró: "No sé por qué está haciendo tanta alharaca con esto. ¿Por qué no nos dice sencillamente cuál es la respuesta para que así podamos seguir con el resto de la agenda?". Este hombre nunca puso sus manos en el cuchillo y el tenedor. De hecho, no tenía interés en usarlos, y mucho menos en llegar a ser competente.

Carácter

Un mandamiento nuevo os doy: que os améis los unos a los otros. Como os he amado, amaos también vosotros los unos a los otros. En esto conocerán todos que sois mis discípulos, si tenéis amor los unos por los otros (Juan 13:34, 35).

El amor es la marca de pureza más reveladora de un auténtico discípulo cristiano. Por supuesto, también el conocimiento y el servicio surgen del proceso de crecimiento; pero sin amor, la credibilidad de uno, dentro y fuera de la familia de Dios, se disminuye. El amor es tan clave para la madurez cristiana que la Biblia dice que los no cristianos pueden identificarlo a uno basados en su evidencia. Sin embargo, amar de la manera que Cristo ama requiere profundidad espiritual; se requiere un carácter semejante al de Cristo.

En *Alabanza de la Disciplina* Richard Foster escribe:

La superficialidad es la maldición de nuestro tiempo. La doctrina de la satisfacción instantánea es un problema espiritual importante. La necesidad desesperada de hoy no es la de una cantidad mayor de gente inteligente o de gente dotada, sino de gente profunda. Las disciplinas clásicas de la vida espiritual nos llaman a movernos más allá de la superficie, a vivir en las profundidades[1].

Sin embargo, si dejamos de poner en un contexto de gracia las disciplinas espirituales que desarrollan el carácter, pueden llegar a distorsionarse en desaliento legalista. Además, aunque el desarrollo del carácter mediante varias disciplinas alienta la madurez espiritual, todos debemos entender que llevar una vida más disciplinada y espiritualmente madura no puede hacer que seamos más o menos aceptables ante Dios. Más bien, el proceso de crecimiento en el discipulado incluye una mezcla maravillosa de disciplina humana y gracia de Dios. ¿Recuerda el énfasis del apóstol Pablo en despojarnos del viejo hombre y vestirnos del nuevo?

La transformación y la madurez resultan no solamente de la disciplina del individuo, sino también de la acción del Espíritu de Dios. Por ejemplo, el concepto: "Dios es el que produce en vosotros", de Filipenses 2:13, se enfoca en la influencia divina. Por otra parte, la idea de ocuparnos en nuestra salvación, como se menciona en el versículo anterior (2:12), se enfoca en las *maneras* o disciplinas que buscamos para ocuparnos de la salvación.

Foster categoriza las disciplinas espirituales como

◆ internas (meditación, oración, ayuno, estudio),

◆ externas (sencillez, soledad, sumisión, servicio) y

◆ corporativas (confesión, adoración, dirección, celebración).

Cuando ingresé al ministerio de Los Navegantes, siendo un estudiante universitario hace más de 30 años, fui discipulado en cuanto a las disciplinas espirituales de estudio de la Biblia, la oración, la comunión y el testimonio. Cada disciplina apoya el desarrollo del carácter siempre y cuando promueva la semejanza al carácter de Cristo.

Convicción

"Conoceréis la verdad, y la verdad os hará libres" (ver Juan 8:32) son las palabras que todavía están sobre las pesadas y gigantescas puertas de la biblioteca gótica de mi *alma mater*, la Universidad del Estado de Iowa en Ames, pero yo nunca creí que el conocimiento que estaba en esa biblioteca llevaría a la libertad. En vez de eso, yo entendía ese versículo en su contexto bíblico original: que el entendimiento de la verdad de Dios y la comprensión de su autoridad llevan a la libertad.

No es el *conocimiento* sino la *aplicación* de la verdad lo que distingue a alguien como discípulo de Cristo. Muy a menudo los cristianos son ricos en conocimiento pero pobres en aplicación. Nos enorgullecemos de tener una doctrina "correcta"; pero si no tiene la clase de convicción que lleva al compromiso, a la competencia y al desarrollo del carácter, nuestro estilo de vida diferirá poco de la norma cultural y ni siquiera sugerirá que Cristo está dentro de nosotros.

No es de sorprender que tanto Pablo como Pedro tenían una imagen de madurez espiritual en mente conforme cumplían con sus ministerios. Ellos sabían cómo era y tenían un plan para alentar el proceso crítico que lo produciría.

Por ejemplo, durante su ministerio, Pablo escribió a las iglesias, que actuaban en diferentes niveles de madurez colectiva, y trató una gran variedad de problemas durante muchos años. A pesar de las diferentes circunstancias de las iglesias, en sus cartas aparecía un patrón de discipulado. Él ponía a Cristo en el fundamento de la comunidad y entonces añadía tres niveles que consistían en fe, esperanza y amor. Él elogiaba a la iglesia individual que seguía este plan de edificación, o exhortaba a la iglesia por no seguir el plan. Esos cuatro temas: Cristo, fe, esperanza y amor están relacionados entre sí y son esenciales para la madurez espiritual. Pablo hablaba de ellos en cada oportunidad.

"¿Cómo puede uno reconocer la madurez en una iglesia?", pregunta Gene Getz en *Sharpening the Focus of the Church* (La afinación del enfoque de la iglesia). "La madurez en el cuerpo de Cristo puede ser identificada por las virtudes persistentes. El grado de plenitud puede ser medido por el grado en que la iglesia manifiesta fe, esperanza y amor"[2].

Pedro también escribía a los creyentes dispersos por todo el mundo romano para recordarles que la madurez espiritual incluye la adquisición de una naturaleza divina: cualidades que brotan del carácter de Cristo. Pedro alentaba a los creyentes a "poner todo empeño" para crecer de esta manera:

Y por esto mismo, poniendo todo empeño, añadid a vuestra fe, virtud; a la virtud, conocimiento; al conocimiento, dominio propio; al dominio propio, perseverancia; a la perseverancia, devoción; a la devoción, afecto fraternal; y al afecto fraternal, amor. Porque cuando estas cosas están en vosotros y abundan, no os dejarán estar ociosos ni estériles en el conocimiento de nuestro Señor Jesucristo (2 Ped. 1:5-8).

Además de identificar las cualidades de la madurez espiritual, Pedro reconocía el proceso de edificación de una virtud encima de otra. Tanto Pedro como Pablo comprendían que la madurez espiritual no viene simplemente de un diseño, sino por un gran esfuerzo. Empieza con el esfuerzo personal y puede ser alentado en una comunidad discipuladora.

En la iglesia La Capilla en Akron, Ohio, donde es pastor Knute Larson, la preocupación por la necesidad de un compañerismo de los adultos los llevó a desarrollar Compañerismos Bíblicos de Adultos y a escribir El libro CBA (The AFB Book, The Chapel Press, 1991). Los CBA organizan clases de Escuela Dominical en torno a estudios más enfocados en la Biblia y en el compañerismo. Hoy, 20 años después, los tres grupos piloto CBA han crecido hasta 50. Son 50 grupos de personas que descubren la belleza del estudio bíblico y del compañerismo. ¿Pero están convirtiéndose en discípulos esas personas?

El liderazgo de esta iglesia trató de contestar esa pregunta con convicción al explorar el concepto bíblico del discipulado individual. Este equipo sometió a la iglesia a un proceso de dos años para identificar qué clase de personas debiera estar tratando de desarrollar. El proceso dio comienzo en un retiro pastoral en el otoño de 1996 cuando intentaron contestar la manera en que la Biblia caracteriza a un creyente cristiano maduro y lo que debiera ser el papel de la iglesia para facilitar el proceso.

Finalmente, los líderes, bajo su pastor de discipulado, Jay Halley, delinearon siete características que ahora forman el corazón del ambiente de discipulado de la mencionada iglesia: principiante, reproductor, servidor, relacionador, adorador, apoyador y dador. La iglesia usa la manifestación de estas características en la vida de sus miembros para determinar su éxito en desarrollar creyentes espiritualmente maduros.

Para mantenerse afinado, el líder de cada programa de la iglesia evalúa periódicamente la manera en que el programa contribuye a las siete características de un discípulo. La iglesia también pide a cada persona que evalúe su andar espiritual de modo que pueda continuar enriqueciendo el proceso de crecimiento en esas siete áreas, y evitar la tragedia de un desarrollo detenido.

[1]Richard Foster, *Alabanza a la Disciplina* (Nashville, Tennessee: Editorial Betania).

[2]Gene Getz, *Sharpening the Focus of the Church* (Chicago: Moody, 1974), p. 53. Ver también Jim Petersen, *Lifestyle Discipleship* (Colorado Springs, Colorado: NavPress, 1993), capítulo 3.

CAPÍTULO DOS

Planos del discipulado

Porque toda casa es construida por alguien, pero el constructor de todas las cosas es Dios.

Hebreos 3:4

E N LA CONSULTA EASTBOURNE de Discipulado en el otoño de 1999, dirigentes de más de 54 países, que representaban a cerca de 90 organizaciones, denominaciones e iglesias, presentaron la siguiente declaración respecto a la definición de discipulado:

> Aunque hay diferencias válidas de perspectiva sobre lo que constituye el discipulado, definimos el discipulado cristiano como un proceso que tiene lugar dentro de relaciones responsables por un espacio de tiempo con el propósito de llevar a los creyentes a la madurez espiritual en Cristo. Los ejemplos bíblicos sugieren que el discipulado es tanto relacional como *intencional*, tanto de posición como de proceso... Nosotros aspiraremos al proceso del discipulado tan *intencionalmente* como a la proclamación del evangelio. El evangelismo y el discipulado deben ser vistos como integrales [cursivas añadidas][1].

Sin un propósito y una estrategia claros de discipulado, varios programas del ministerio, sin importar cuán bien intencionado pueda ser el diseño, resultan ineficaces. ¿Por qué? Porque los programas mantienen a la gente ocupada, pero sin desarrollarse suficientemente para experimentar las recompensas y responsabilidades espirituales que trae la madurez. Además, sin una preparación sustancial, los individuos pueden apartarse más fácilmente de esos programas y regresar a la comunidad cristiana marginal y pasiva.

Con buena razón, el mandamiento de Cristo de "hacer discípulos" representa el propósito del ministerio, no una idea secundaria. Además, el discipulado no se produce sentándose en un invernadero espiritual, sino con un diseño, esfuerzo y perseverancia a nivel individual.

Imagínese a un hombre de negocios que llega a una ciudad a establecer una nueva empresa. Compra terreno y construye oficinas, depósitos e instalaciones de producción. Él impresiona a la gente de la ciudad con su industria y finalmente despierta su curiosidad.

Después de meses de preparación, cuando sus instalaciones están a punto de ser terminadas, aparece en el periódico local un aviso, largamente esperado: "Se necesitan empleados". Rápidamente corre la voz de que este negocio ofrece excelente paga y beneficios, y necesita toda clase de personas calificadas. El índice de desempleo se desploma a cero pues todos los que solicitan empleo son contratados. Usted hasta renuncia a su trabajo para ser contratado.

Cuando el negocio abre sus puertas todos los empleados se presentan ansiosamente a trabajar. Al principio, se quedan asombrados de la riqueza de recursos acumulados en esta instalación. El depósito está lleno de la más moderna maquinaria y tecnología y también de abundante material de construcción. Finalmente, sin embargo, una pregunta empieza a extenderse por la enorme multitud de trabajadores ociosos. Empieza como un murmullo y se vuelve más fuerte: "¿Qué se supone que vamos a producir?". Nadie lo sabe. Olvidaron preguntar y el alto mando nunca lo anunció.

Finalmente usted se ofrece a acercarse al dueño. Una secretaria amable y bien vestida lo introduce a la oficina del dueño en el centro de la ciudad, y usted lo encuentra sentado calmadamente junto a su brillante escritorio de madera. "¿Cómo van las cosas por la planta?", pregunta despreocupadamente el dueño, mirándolo por encima de sus bifocales mientras revisa un montón de papeles.

"Bien", contesta usted con su sombrero en la mano. "Todos estamos impresionados con lo que usted ha construido. No podemos creer en todo el equipo de tecnología de avanzada que usted ha instalado y estamos ansiosos de empezar a trabajar. Pero tenemos una pregunta... ¿qué se supone que debemos producir?".

"¿Producir?" responde incrédulamente el Director General. "¿Producir? ¡Vaya!, ¿qué diferencia hace? ¡Solamente manténganse ocupados y produzcan algo!".

Aunque usted no lo crea, muy a menudo algunos se conducen en la iglesia de esa manera, pero ni siquiera se detienen a preguntar. Sencillamente se mantienen ocupados haciendo algo, cualquier cosa, y tratan a Dios como si a él no le interesara o como si no tuviera un plan particular para lo que se va a desarrollar con sus recursos.

El Nuevo Testamento también usa la metáfora del edificio para describir el proceso del discipulado. En 1 Corintios 3:10, Pablo se refiere a sí mismo como el "perito arquitecto" y avisa a otros que contribuyan al proceso de edificación con el uso de los materiales apropiados. Pedro alienta a edificar nuestra casa espiritual con Cristo como la piedra angular.

Cualquier ministerio que piensa en serio en hacer discípulos es como una compañía constructora espiritual. Su misión incluye edificar comunidades sólidas por medio de edificar hogares sanos, no centros de entretenimiento, hospitales, universidades teológicas, depósitos, almacenes, centros comerciales, centros comunitarios u organizaciones de acción política. Esos hogares representan la transformación de vidas individuales.

Los ministerios de hacer discípulos —o proyectos de edificación en proceso— harían bien en poner un aviso permanente sobre las puertas que digan: "En construcción: ¡Use el casco protector en esta zona!". En ocasiones la construcción requiere destrucción, edificar tanto como derrumbar. A pesar de todo, en una zona de construcción siempre debiéramos esperar ver casas parcialmente terminadas. También debiéramos ver a alguien en el lugar asegurándose de que las casas son acabadas de acuerdo con los planos.

Por 15 años Mary y yo habíamos vivido en casas que alguien más había planeado y edificado. Sin embargo, nuestra mudanza a la ciudad de Kansas nos dio la oportunidad de construir nuestro propio hogar. Compramos el terreno, encontramos un constructor y nos lanzamos a nuestra aventura.

Hugo, nuestro contratista general y mentor, nos guiaba por el proceso de construcción. Aunque el proceso era nuevo para nosotros, era una rutina para Hugo. Él tenía amplia experiencia. Era un profesional que sabía lo que debía hacerse y quién podía hacerlo.

La primera pregunta que Hugo nos hizo fue: "¿Cómo quieren que sea su casa?". Él no dio por sentado que nosotros íbamos a contratarlo para que construyera la casa de sus sueños con nuestro dinero. Habíamos mirado casas modelo y libros de diseños de casas. Teníamos ideas y posibilidades. Teníamos un presupuesto y un banquero, pero lo que nosotros necesitábamos realmente era un plano real.

Hugo no podía construir sin un plano, de modo que inicialmente se enfocó en volcar nuestras ideas en un juego de planos de trabajo. Todos los que tenían una parte en el proceso de construcción recibieron una copia de esos planos. Los nuestros no eran elaborados y, de acuerdo con ciertas normas, ni siquiera detallados, pero todo subcontratista tuvo que seguirlos. Algunos requirieron un examen detallado de los planos, mientras que otros necesitaron solamente conceptos generales. Cualquiera que fuera el caso, los planos nos mantuvieron a todos trabajando juntos para hacer una realidad de la casa de nuestros sueños.

El juego de planos, ahora descoloridos, arrugados y sucios, fue la única cosa que mantuvo unidas a todas las diferentes personas para alcanzar esa meta. Fue nuestra guía, nuestro árbitro y juez, y lo usamos muchas veces para resolver malentendidos y conflictos.

Desafortunadamente, lo que parece sentido común en el mundo físico demasiado a menudo llega a ser la excepción en el mundo espiritual. Los esfuerzos de discipulado a menudo son torpes debido no a la falta de términos espirituales o de ideas religiosas, sino porque los líderes no crean ni comunican planos fácilmente comprensibles.

Cuando discuto respecto al discipulado con líderes de iglesias que se esfuerzan en ese terreno, yo típicamente me vuelvo a la pregunta que Hugo nos hizo: "¿Cómo quieren que sea su casa?". Luego indago más profundamente: "Si una persona se involucra en un ministerio de discipulado, ¿qué clase de cambio anticipa ver en esa persona en los siguientes cinco años? ¿Podría usted explicar los efectos de un discipulado a largo plazo a los nuevos miembros si ellos preguntaran?". Si a usted como líder le falta un plano y la visión de lo que debe ser la transformación, ¿cómo puede esperar que otros lo sepan y mucho menos contribuyan al proceso?

Un buen plano de discipulado puede ser detallado o muy sencillo, pero debe ser bíblico. Debe reflejar el propósito de Dios, aunque podemos esbozar versiones de ese plan maestro en una variedad de maneras. Finalmente debe resultar en discípulos (seguidores de Cristo fructíferos, seguidores de Cristo completamente dedicados, creyentes maduros, y así por el estilo).

Además de la metáfora del edificio, el Nuevo Testamento también nos describe el discipulado como el cultivo de un campo, como correr una carrera y como criar una familia. Aunque esos argumentos revelan diferentes perspectivas sobre la madurez, el concepto de proceso corre por cada uno como una trama común. A continuación hay una mirada más detallada del proceso de discipular exitosamente aplicado a un infante cristiano para que sea un adulto maduro a través del modelo de la familia.

Niñez

Todo creyente necesita una comprensión básica de lo que significa ser un hijo de Dios y de la seguridad implícita en esta relación humana/divina. Los escritores del Nuevo Testamento usan las figuras del nacimiento y también de la adopción para entender el cambio inicial significativo que tiene lugar cuando una persona acepta a Cristo como Salvador.

En 1 Juan 2:12, 13, el Apóstol usó dos palabras diferentes en griego para "hijo". La primera, *teknia*, es una palabra general para creyentes dentro de la familia de Dios y hace hincapié en la relación del hijo con el Padre. Juan también usó *paidia* para "hijo", que resalta la dependencia de los hijos con sus padres. Dios se deleita en esta dependencia porque caracteriza a un verdadero hijo espiritual. El reconocimiento de esta dependencia es la primera etapa de la madurez.

Adultez

En la Europa medieval un paje ascendía a escudero y luego a caballero. Los nativos americanos tenían ceremonias que marcaban el paso de muchacho a hombre. En la mayoría de nuestra sociedad no hay una línea clara de demarcación entre la adolescencia y la adultez. No obstante, todavía reconocemos que la adultez debe ocurrir en algún punto entre el final de la adolescencia y poco después de los 20 años. En ese punto el crecimiento físico hace que los niños se vean como adultos, pero solamente la madurez interna los hace actuar como tales.

El apóstol Juan se refiere a esos que han madurado como "jóvenes" una vez que han pasado la niñez (1 Jn. 2:13, 14). En esta etapa los hombres y las mujeres saben cómo ponerse toda la armadura de Dios, ponerse en pie y pelear en victoria. Juan dice que la Palabra permanece en ellos: conocen la Palabra y saben cómo usarla. Ya no son niños en su manera de pensar (ver 1 Cor. 14:20).

Paternidad

Juan continúa ampliando la imagen de madurez de la niñez a la adultez y de ésta a la paternidad (ver 1 Jn 2:13, 14). ¿Quiénes son los padres espirituales? Los padres espirituales son cristianos que tienen una historia de experimentar la realidad de Cristo y ahora son maduros y suficientemente responsables para alentar el crecimiento espiritual en otros.

El desarrollo de una herencia espiritual se destaca como un tema clave en la Escritura. En Juan 17 Jesús oró no solamente por sus discípulos, sino también por aquellos que creerían mediante ellos. Moisés exhortaba a los padres a enseñar a sus hijos, lo que finalmente podría influir en tres generaciones. Pablo alentaba a Timoteo a invertir en hombres fieles que pudieran alcanzar a otros. En cada uno de estos ejemplos, cuando menos se afectan tres generaciones. Las comunidades de discipulado intencional necesitan crear esta misma expectación: la paternidad espiritual involucra desarrollar una tercera generación.

En general, la tercera generación llama la atención; basta mirar a los abuelos. Ellos llevan fotos en su cartera no de sus hijos, sino de sus nietos. Ellos rebosan de orgullo y son pródigos en alabanzas para la tercera generación. Es como si alguna ley no escrita dijera que uno no debe jactarse de sus propios hijos, pero no detener la jactancia sobre los nietos.

Las generaciones espirituales son la estrategia de Dios para alcanzar al mundo. Cualquier plan que ignore el proceso natural de crianza mediante generaciones sucesivas está destinada al fracaso porque evade el propósito de Dios para la madurez. Además, el dejar de transmitir las verdades de la fe a otra generación es una marca de inmadurez en la iglesia.

El escritor de Hebreos se sentía incómodo con la inmadurez de los destinatarios de su carta. Él sabía que había pasado bastante tiempo para que ellos fueran padres espirituales, pues debían estar enseñando a otros. Por lo tanto, los reprendía porque necesitaban regresar a la instrucción elemental cuando debían estar avanzando a una fase más adelantada del discipulado. En algunos casos un sentido subdesarrollado de mayordomía sofoca el crecimiento espiritual. Recuerde que un mayordomo es alguien al que se le ha confiado la administración de los asuntos, las finanzas o las posesiones de otro. Jesús dijo:

> El que es fiel en lo muy poco también es fiel en lo mucho, y el que en lo muy poco es injusto también es injusto en lo mucho. Así que, si con las riquezas injustas no fuisteis fieles, ¿quién os confiará lo verdadero? Y si en lo ajeno no fuisteis fieles, ¿quién os dará lo que es vuestro? (Luc. 16:10-12).

Abraham sobresale como un modelo de mayordomía fiel porque él consintió en sacrificar a su hijo sobre un monte en Moriah para obedecer a Dios. Afortunadamente Abraham era bastante maduro espiritualmente como para renunciar a su propiedad en favor de la mayordomía. No es de extrañar, entonces, que Dios escogió a Abraham como padre de muchos descendientes, tanto física como espiritualmente.

El cuidado de los hijos en la familia de Dios es un aspecto crítico de la mayordomía. Al reflexionar sobre su ministerio con los tesalonicenses, Pablo compara su papel con el de una madre que cuida tiernamente a sus hijos y los exhorta fielmente (ver 1 Tes. 2:7, 8). También Jesús dio a sus discípulos un cuadro desafiante del sacrificio y la mayordomía requeridos para discipular, o criar, a cristianos inmaduros.

> De cierto, de cierto os digo que a menos que el grano de trigo caiga en la tierra y muera, queda solo; pero si muere, lleva mucho fruto" (Juan 12:24).

Cuando yo estaba creciendo mi papá parecía estar constantemente trabajando en autos. Había sido mecánico en su juventud y le encantaba reparar autos viejos que adquiríamos como vehículos de nuestra familia. Si regresábamos a casa desde la escuela y veíamos un auto con parachoques en buen estado en la entrada, sabíamos que teníamos un visitante. Habiéndonos acostumbrado a viajar en autos en diversas etapas de deterioro nos emocionamos un día al enterarnos de que un tío nos había prestado su Chrysler nuevo por unos meses mientras estaba fuera en negocios. No sólo era un auto completo, ¡también era nuevo!

Ser el mayordomo del automóvil de mi tío tuvo algunos efectos interesantes en nuestra familia. Por ejemplo, no nos encariñamos mucho con el auto porque sabíamos que teníamos que devolverlo. De hecho, probablemente tuvimos más cuidado del automóvil sin el título de propiedad en mano. Después de todo, sabíamos que habría un día de dar cuentas por la condición del auto y que seríamos responsables de cualquier daño.

"¡No pongan los pies en los asientos!", era el recibimiento paternal siempre que entrábamos al auto de mi tío. Era tan previsible que todos lo decíamos al unísono como un requisito previo para entrar. Pero más que temer la ira de mi tío, mi familia quería complacerlo cuando regresara. Queríamos que él pensara que había hecho una decisión sabia al confiarnos su auto nuevo.

La parábola que Jesús enseñó acerca de los mayordomos, uno sabio y otro necio, ilustra que la gente es responsable no solamente por proteger sus talentos, sino también por invertirlos (ver Mat. 25:14-30). El descubrimiento de la manera en que Dios lo ha concebido a uno y lo ha dotado es parte del aprendizaje para ser un mayordomo fiel. Una comunidad que hace discípulos intencionalmente proveerá la oportunidad para que los adultos en proceso de madurez descubran y utilicen sus fuerzas y sus dones.

La siguiente gráfica provee indicadores que pueden servir como un punto de partida para evaluar cuán concentrado está el liderazgo de su iglesia en desarrollar padres espirituales.

Perfil de madurez espiritual

Rasgo/Indicador	Niño	Adulto	Padre
COMPROMISO	A la Palabra de Dios como verdad (2 Tim. 3:16)	Cristo como dueño de la vida (Mat. 4:19)	Discipulado a otros (Mat. 28:19, 20)
	A la familia de Dios; identificarse con (Heb. 10:24, 25)	Servicio a otros (Fil. 2:3, 4)	Visión del reino; corazón de Dios para toda persona (Juan 3:16; 2 Ped. 3:9)
COMPETENCIA	Comunión con Dios mediante la Palabra y la oración, y con otros en la familia de Dios (1 Jn. 1:1-3)	Alimentarse a sí mismo con la Palabra de Dios; permanencia en Cristo (Juan 8:31, 32; Heb. 5:12)	Seguimiento de los nuevos creyentes (Heb. 5:12)
	Compartir el testimonio personal con otros (Hech. 1:8)	Compartir el evangelio con la gente no cristiana, guiándolos a una fe personal en Cristo (Rom. 1:16)	Uso eficaz de sus dones (1 Cor. 12:12, 13)
CARÁCTER	Sensibilidad hacia lo que es pecado, honestidad con Dios y con otros (1 Jn. 1:9)	Amor a otros, otros enfoques; espíritu de siervo (Juan 13:34, 35)	Abnegación (1 Tes. 2:8, 9)
	Amor a Cristo (Juan 14:21)	Dominio propio, ejercicio y disciplinas espirituales personales (1 Tim. 4:7, 8)	Piedad (1 Tim. 4:12; 6:11)
CONVICCIÓN	Identificación con Cristo; amado, valioso en Cristo (2 Cor. 5:17)	Vivir por fe y en el poder de su Espíritu (Heb. 11:6)	Valor de cada individuo (Rom. 12:3, 4)
	Autoridad y fiabilidad de la Palabra (1 Ped. 2:2; Heb. 4:12)	Carácter de Dios; confianza en sus promesas (2 Ped. 1:3, 4)	Valorar las generaciones espirituales; herencia espiritual (3 Jn. 4; 2 Tim. 2:2)

Con este perfil bíblico de madurez espiritual en mente, considere las siguientes preguntas de evaluación para empezar a edificar su nuevo plano para el discipulado:

◆ ¿Cuán avanzados están los líderes de su iglesia en el proceso de maduración?

◆ ¿Tiene usted hijos espirituales, adultos y padres en la iglesia, o la mayoría permanece en la etapa de la niñez?

◆ ¿Tiene usted gente que actúa como padre pero le falta el fundamento y el entrenamiento de una persona espiritualmente madura?

Otras preguntas críticas dirigen las actividades que engullen recursos del ministerio. ¿Proveen esas actividades las herramientas necesarias, los recursos o los programas que tienen el propósito de desarrollar la madurez que usted espera? Por ejemplo, ¿está usted designando la mayor parte de sus recursos para desarrollar hijos espirituales en vez de adultos? ¿Continúa usted ofreciendo programas que parecen anticuados e ineficaces? ¿Provee usted buenos programas que no son bien utilizados? Al escudriñar los métodos del ministerio actual, usted puede regresar al tablero de dibujo con más ideas sobre la construcción y con un plano más claro del ministerio.

¹De una declaración conjunta sobre el discipulado, Consulta Eastbourne, septiembre 24, 1999, Eastbourne, Inglaterra.

CAPÍTULO TRES

Transformación
versus
conformación

> Por tanto, todos nosotros, mirando a cara descubierta como en un espejo la gloria del Señor, somos transformados de gloria en gloria en la misma imagen, como por el Espíritu del Señor.
>
> 2 Corintios 3:18

S E ESPERA QUE LOS NIÑOS QUE VIVEN EN nuestra sociedad moderna y vertiginosa crezcan rápidamente. Los eventos y las experiencias que antes se asociaban con los años adolescentes ahora se desarrollan en la niñez. Por ejemplo, el concurso de belleza *Miss EE. UU. de A.* ha creado versiones del mismo para mujeres más y más jóvenes. Hoy hay competencias para *Miss Adolescente* y hasta para *Miss Infante*.

La presión para participar y competir a edades más tempranas también afecta los deportes. Algunas competencias infantiles pueden parecer como esfuerzos sólo para profesionales. ¿Qué pasó con las actividades de la niñez, no tan intensas, como jugar con autitos, remontar barriletes (cometas) o jugar a la pelota?

De la misma manera en que la sociedad apresura a los niños a crecer, la iglesia puede apresurar la fase espiritual de la niñez, la fase básica del desarrollo espiritual mencionada en el capítulo 2. Los líderes pueden caer fácilmente en la trampa de llevar a los nuevos creyentes —especialmente aquellos que han tenido éxito en otras áreas de la vida— y lanzarlos al servicio y a la prominencia antes de que hayan sido discipulados en la madurez. No es de sorprender que este enfoque a menudo resulta contraproducente. Sin embargo, la tentación persiste.

Considere la conversación típica entre dos líderes de la iglesia mientras hablan de "José", un conocido de los dos en la comunidad. En poco tiempo se vuelve obvio que los dos consideran a José como un gran líder. Cuando él habla, la gente escucha. Es una figura poderosa, un hombre que influye con naturalidad. Desafortunadamente José dirige por intimidación y manipulación. Sin embargo, logra que las cosas se hagan, de modo que la mayoría tolera su conducta cuestionable y su lenguaje grosero. "¿No sería grandioso si José llegara a ser cristiano?", reflexionan al tomar café juntos. "Nada más imagínate lo que él podría hacer si estuviera de nuestro lado sirviendo a Dios".

El José en nuestra comunidad podría ser una Juana que ha llegado a la cumbre de su carrera. Esta mujer lo tiene todo: éxito, carisma, aplomo y clase. ¡Lo que los llamativos Josés y Juanas podrían ser para la causa de Cristo! No obstante, los líderes sabios de la iglesia necesitan discipular a los muy exitosos recién convertidos con una mentalidad de olla de cocimiento lento en vez de con una mentalidad de horno de microondas.

¿Por qué? Porque el corazón de la discusión acerca de José o de Juana gira en torno a la borrosa idea que equipara la conformación instantánea con la transformación instantánea. Con Dios, los nuevos cristianos pueden reconcentrar su energía y ordenar su conducta. El Espíritu Santo puede activar sus talentos y arreglar de nuevo sus prioridades. Sin embargo, muy a menudo el énfasis para los nuevos creyentes parece estar en la conformación externa, no en la transformación radical interna. Después de todo, ¿no somos todos básicamente buenos internamente, especialmente si se ha dado un ambiente adecuado?

En Romanos 12:1, 2 Pablo enseñó lo opuesto: nada que no sea la transformación completa se ajusta al plan de Dios para nuestra vida. Es de ayuda entender la manera en que difieren las palabras "conformar" y "transformar". "Conformar" significa "lo que incluye la manera de vivir, las acciones". Incluye cambiar lo externo. "Transformar", por otra parte, viene de la palabra griega *morfoo*, que influyó en la palabra castellana "metamorfosis" y significa "cambiar a otra forma".

Mientras que la palabra "conformación" connota cambio externo y transitorio, "transformación" se refiere a una condición espiritual genuinamente cambiada. En vez de usar las conductas cristianas apropiadas para conformarse, el corazón cambiado de la persona transformada se revela a sí mismo genuinamente en virtudes y conducta externas. El verdadero discipulado incluye un proceso de adentro hacia afuera que toma tiempo, un proceso que me recuerda la preparación de panecillos dulces de Navidad que hace mi esposa.

Cada diciembre Mary hornea esos panecillos dulces como una tradición navideña. Son deliciosos y su esfuerzo por hornearlos anualmente es la única tradición que terminantemente me niego a romper. El año pasado la miré crear de nuevo su obra de arte y me di cuenta de que el producto final se parecía muy poco a los ingredientes alineados en el mostrador de nuestra cocina.

Observé que ella creó la masa con una cantidad de ingredientes y luego la mezcló con una variedad de nueces, frutas y especias. Luego enrolló la masa, la cortó en secciones, colocó esas secciones en una bandeja que luego colocó en el horno precalentado. Después que pasó el tiempo recomendado ella sacó los humeantes panecillos y —¡*voilá!*— las secciones de masa se habían transformado en panecillos dulces de Navidad completamente horneados.

Los chicos y yo tendíamos a atribuirle a mi esposa una especie de grandeza mística en esos momentos, pero su éxito realmente no es misterioso. Ella solamente hornea los panecillos como un granjero cultiva la cosecha.

Más bien, Mary simplemente conoce la química de este proceso de horneado. Cada año ella toma ciertos ingredientes, los mezcla en un orden particular y entonces les da una forma específica. Ella comprende que se necesita calor y tiempo para transformar los materiales crudos en un producto terminado. Nosotros sabemos esto también. Eso explica por qué todos esperamos que ella abra la puerta del horno y los saque, listos al fin.

Como este proceso de horneado, el discipulado no ocurre por accidente. Más bien, el discipulado eficiente requiere planificación, tiempo y cierta cantidad de calor divino para transformar a alguien en un seguidor de Cristo completamente horneado. Sin embargo, mucho antes de que eso suceda uno tiene que juntar los ingredientes adecuados. El primer ingrediente es la salvación, el nuevo nacimiento en Cristo. Otro ingrediente es la morada interna del Espíritu Santo, que obra como la levadura en el proceso de "hornear" en cada creyente. La Palabra de Dios es aún otro ingrediente esencial de la transformación. Finalmente, la fe persistente sobresale como otro ingrediente indispensable; es el deseo y la capacidad para confiar en Dios y obedecerlo más conforme lo entendemos mejor (ver Heb. 11:6).

Mateo registró una de la maneras más sencillas en que Jesús llamó a otros a entrar en el proceso de discipulado: "Venid en pos de mí, y os haré pescadores de hombres" (Mat. 4:19). El llamamiento de Cristo al discipulado era un llamamiento al cambio. Los hombres a los que Jesús se dirigió en la orilla del mar de Galilea habían estado expuestos a él y a su enseñanza en Judea, Samaria y Galilea durante el primer año de su ministerio público. Habían visto su poder transformador, la manera en que él cambió el agua en vino en Caná, la mente del líder religioso en Jerusalén y el corazón de la mujer solitaria en Sicar.

El llamado a la transformación sonó sencilla y claramente: ¡Venid en pos de mí! Jesús no manipuló, no rogó, no forzó ni discutió. Él no ofreció un escape de las presiones de la vida normal. Seguirlo a él no significaba asumir una vida de contemplación callada u obtener un título en teología. Sus asociados venían de los márgenes de la sociedad, y su vida y su mensaje ya eran motivo de sospecha oficial. De modo que, ¿por qué habría alguien de responder a su llamado? Finalmente, algunos comprendieron que seguir a Jesús era aprender bajo él, la única persona perfecta que ha caminado sobre la Tierra.

En *The Call* (El llamado), Os Guiness escribió: "El conocimiento más profundo jamás puede ser puesto en palabras ni explicado en sermones, libros, conferencias o seminarios. Debe ser aprendido del Maestro, bajo su autoridad, en la experiencia"[1]. Jesús llamó a sus discípulos a caminar con él, a venir, a aprender, a imitar y a ser transformados. Dos mil años después, esta oferta todavía permanece.

Jesús dijo: "El discípulo no es superior a su maestro, pero cualquiera que es plenamente instruido será como su maestro" (Luc. 6:40). El propósito del ministerio incluye hacer aprendices de Jesús. Si usted crea entusiasmo por él sin transformación —esencialmente congregaciones sin aprendices—, ¿ha contestado al llamamiento de Cristo?

La realidad de la vida en el reino de Dios debe centrarse en la transformación, no en la conformación. En Colosenses 1 Pablo explica este cambio dramático como una transferencia del reino de las tinieblas al reino de la luz. Ciertamente, la vida en el reino de la luz es diferente a cualquier cosa que hayamos conocido. Pero ser transferido de las tinieblas a la luz solamente marca el principio de la realidad transformadora del discipulado.

Por una u otra razón los humanos siempre hemos anhelado nuevas realidades. El 17 de diciembre de 1903, Orville y Wilbur Wright hicieron historia cuando volaron en Kitty Hawk, Carolina del Norte, una máquina más pesada que el aire. Aunque el vuelo fue solamente de 36 m (menos que la envergadura de muchos aviones modernos), abrió una nueva realidad que cambió la perspectiva humana para siempre.

Mucho después que Galileo y Newton la codificaron, la gravedad todavía nos impide entrar a la tercera dimensión del espacio sin ayuda. No es de extrañar que la mayoría aprende a edad temprana a hacer las paces con esta ley básica. En la Tierra, la gravedad permanece como una fuerza constante de 9,6 m por segundo elevado al cuadrado. Tanto los niños como los adultos saben que cuando uno se cae de un árbol, la gravedad siempre funciona. Ninguna madre se preocupa de que su hijo salte demasiado alto y no baje.

Sin embargo, durante la época de la Ilustración, pioneros como Newton y Bernoulli descubrieron otra ley: la ley del levantamiento. La nueva ley del levantamiento no eliminó la antigua ley de la gravedad, sino que se le opuso de modo que la gravedad perdió su agarre de hierro en nuestros tobillos. Los hermanos Wright, y todo ingeniero de aeronáutica desde entonces, han entendido y utilizado esta ley para elevarse en el aire.

Esta nueva ley sencillamente declara que si el aire pasa sobre un cuerpo de cierta forma, se crea una fuerza hacia arriba, provocando que el cuerpo, y cualquier cosa que esté conectada con él, se levante en esa entusiasmante dimensión espacial. La ley explica por qué los planeadores y los aviones a propulsión vuelan y las piedras no. En un sentido similar, los cristianos deben ser transformados —reformados— para obtener el levantamiento que necesitan para experimentar la dimensión espiritual dinámica.

Vivir en dos dimensiones (como vivimos en la Tierra) es semejante a vivir en el mundo natural sin Dios. En la realidad, la gravedad espiritual (el pecado) distorsiona la belleza de las dos dimensiones y convierte a todos en prisioneros de ella. Sin embargo, el levantamiento (el evangelio o el Espíritu de vida) libera al cristiano de las limitaciones y las consecuencias de la gravedad para vivir ahora en 3-D (la dimensión espiritual añadida).

Pablo explica este concepto en Romanos 8:1, 2: "Ahora pues, ninguna condenación hay para los que están en Cristo Jesús, porque la ley del Espíritu de vida en Cristo Jesús me ha librado de la ley del pecado y de la muerte".

Hace más de 100 años, Edwin Abbott escribió *Flatland* [2] (Tierra Plana), un libro que muestra cuán difícil es entender una nueva dimensión cuando la persona nunca la ha experimentado, así como una persona que ha escuchado acerca del reino de Dios no puede entenderlo porque realmente nunca ha llegado a ser parte de él.

Tierra Plana es un mundo de dos dimensiones visto por los ojos de un cuadrado personificado como un caballero erudito y respetable. Vivir allí es como vivir en la parte superior de una mesa. Hay largo y ancho, pero no hay altura. Un día el cuadrado encuentra una esfera, y ellos chocan en la realidad de Tierra Plana. En su curiosa conversación, la esfera insiste en que realmente existen tres dimensiones, no solamente dos. Como esfera que es, este personaje sabe acerca de la largura, la anchura y también de la altura. Desde esta tercera dimensión de altura, la esfera explica que ella puede ver "hacia abajo" en las casas de Tierra Plana, algo que el cuadrado no puede llegar a comprender.

Jesús vino a nosotros los cuadrados como una esfera y, como la esfera en Tierra Plana, no solamente describió la vida en 3-D, sino que también ofreció levantarnos y permitirnos experimentar esa realidad. Si eso no fuera suficiente, también reveló su plan para transformarnos para caber realmente en el reino de Dios como una tercera dimensión.

De manera muy interesante, originalmente Dios diseñó a los humanos como una parte tridimensional —espiritual— de la creación. La gente es la única creación hecha a la semejanza de Dios y con capacidad para relacionarse con él. Pero la experiencia humana 3-D fue de corta vida.

La Escritura explica que después de que Adán mordió la "manzana", la humanidad perdió su dimensión espiritual con Dios y se convirtió en prisionera de dos dimensiones (ver Gén. 3). El vacío que quedó en el corazón humano explica la dimensión perdida. El mensaje del reino dice que podemos nacer de nuevo para descubrir lo que se perdió en el primer Adán y que se restableció con el segundo Adán. Los que están en una comunidad de discipulado intencional se comprometen a ayudar a los cuadrados "terraplaneros" a experimentar las dimensiones de la esferidad.

Algunos buscan lo que les falta por medio de su esfuerzo propio, pero el esfuerzo propio es realmente sólo un palo espiritual con un resorte para saltar. Cuando estaba en la escuela primaria, este palo para saltar era tan popular como lo es hoy la patineta. Hasta teníamos lecciones de danza con estos palos para saltar en la clase de Educación Física. A los chicos les encantaba tanto esta experiencia que saltaban por todas partes como canguros tratan-

---

do de establecer récords mundiales de resistencia en saltos. ¿Por qué? Porque cuando se usa con habilidad, uno de estos palos puede ponerlo a uno en una tercera dimensión por unos segundos. Sin embargo, uno nunca puede sostenerse en el aire debido a la gravedad.

De la misma manera, el esfuerzo propio por sí solo puede únicamente ofrecer suspensiones cortas de la gravedad espiritual. Solamente un verdadero discipulado puede romper sobrenaturalmente el tirón de la gravedad espiritual. Sin embargo, cuando Jesús anunció que las dimensiones transformadoras del reino de Dios estaban cerca, los judíos buscaban una completa liberación del estira y afloja asociado con la vida bidimensional. Querían que la vida fuera más cómoda; una expectativa que persiste entre los cristianos modernos.

Sin embargo, la transformación espiritual no siempre hace que la vida en el mundo natural bidimensional sea más fácil. Por ejemplo, hasta los más cercanos a Cristo luchaban por entender las implicaciones del reino de Dios y para vivirlas día tras día. Ciertamente el dolor, el sufrimiento y la pérdida aun acompañaron el nacimiento de Cristo. Mateo explica que cuando los sabios no regresaron a Herodes con el informe acerca del nuevo rey, la vida en dos dimensiones —especialmente en los alrededores de Belén— se volvió más difícil, no más fácil. María y José tuvieron que huir del país y dejar la familia, los amigos y el entorno familiar. En la zona de Belén otros padres sintieron una clase diferente de dolor. Herodes, por decreto, mató sin misericordia a todos los niños menores de dos años con la esperanza de matar a Jesús (ver Mat. 2:16-18).

Así, a pesar de elevarse con Cristo en la tercera dimensión, la vida en las otras dos dimensiones continúa para recordarnos la gravedad inherente en la caída de Adán y Eva. Hasta Juan el Bautista, un primo de Jesús, entendió esto. Sin embargo, él sirvió bien a Dios a pesar de la difícil misión de preparar el camino para el Mesías, llamando al arrepentimiento y actuando como la conciencia moral de su pueblo. ¡Y él hizo un estupendo trabajo! Recibió el más alto honor posible de parte de Cristo, quien dijo: "...no se ha levantado entre los nacidos de mujer ningún otro mayor que Juan el Bautista" (Mat. 11:11). ¡Qué impresionante! Sin embargo, cuando Juan cae en prisión por hablar contra la inmoralidad, ¿dónde está Jesús? Cuando un rey trastornado declara la sentencia de muerte de Juan y el verdugo dirige a Juan por el pasillo, ¿dónde está Jesús?

¿No podía Jesús haber sacado a Juan de la prisión? Después de todo, ¿no había anunciado Jesús que él había venido a liberar a los cautivos? ¿Habría sido demasiado que Juan esperara morir de viejo después de servir a la causa de ese importantísimo reino 3-D de Dios? Nunca sabremos si Juan hizo esas preguntas, pero yo sí las habría hecho. Yo me veo a mí mismo con esos pensamientos cuando estoy acampando y llueve. Yo razono que, después de todo lo que he hecho por Dios, ¿es demasiado pedir unos cuantos días de sol?

Mucha gente tiende a tener una mentalidad de consumidor que pregunta: "¿Qué puede hacer Jesús por mí?". Consecuentemente se sienten desilusionados cuando la vida no necesariamente se vuelve más fácil con Cristo. Los divorcios siguen ocurriendo, el cáncer todavía mata, las empresas se empequeñecen, y así por el estilo. Por eso es que la vida en dos dimensiones nunca tendrá sentido por sí misma. Es solamente cuando usted experimenta el llamado de Cristo y lo sigue en el reino de Dios que experimenta la vida tan completa como puede ser, antes del cielo.

Sin embargo, la vida asociada con el reino de Dios no es solamente un beneficio cuando uno muere. Existe ahora. La única definición de vida eterna que Cristo dio es relacional, como se describe en Juan 17:3: "Y ésta es la vida eterna: que te conozcan a ti, el único Dios verdadero, y a Jesucristo a quien tú has enviado". La vida eterna incluye discipulado aquí en la Tierra: conocer a Cristo y seguirlo.

Cuando Jesús empezó a enseñar acerca del poder transformador del reino de Dios, su audiencia naturalmente trató de interpretar su mensaje desde una perspectiva bidimensional. Por ejemplo, la mujer samaritana quería el agua que Cristo ofrecía para que ella no tuviera más la necesidad de sacar el agua otra vez de un pozo bidimensional (ver Juan 4:15). Y en Juan 3, cuando Jesús le dijo a Nicodemo que la vida eterna requería un nuevo nacimiento, Nicodemo trató inicialmente de imaginarse él mismo regresando a una infancia literal.

Tal vez uno de los ejemplos bíblicos más grandes de la tensión entre estas realidades está registrado en Mateo 19:16-26. Habla del joven que se acercó a Jesús con una pregunta profunda: "¿Qué cosa buena haré para tener la vida eterna?". Esta es la primera vez que la frase "vida eterna" se usa en el Evangelio de Mateo.

"Si quieres entrar en la vida", contesta Jesús, "guarda los mandamientos". Jesús reconoció que el hombre no estaba preguntando acerca de una vida distante, futurista, de "cuando yo me muera". Él estaba preguntando acerca de encontrar la verdadera vida ahora.

La discusión progresa y Jesús llega al corazón del asunto cuando dice: "Si quieres ser perfecto, anda, vende tus bienes y dalo a los pobres; y tendrás tesoro en el cielo. Y ven; sígueme". Jesús contrasta la búsqueda del hombre de un tesoro celestial con el discipulado. En otras palabras, él no separó la vida eterna del hombre de su vida en la Tierra.

El hombre se va, aparentemente sin disposición de dejar su seguridad material, y los apóstoles luchan con el significado de lo que acaban de escuchar. Antes de que ellos puedan siquiera verbalizar sus preguntas, Jesús les da una explicación: "...le es más fácil a un camello pasar por el ojo de una aguja, que a un rico entrar en el reino de Dios". De esta manera él hace perfecta la conexión entre el asunto de la vida mortal y de la vida eterna, entre el discipulado y el reino de Dios.

En *The Divine Conspiracy* (La conspiración divina), Dallas Willard formula tres preguntas clave para descubrir si esta idea más holística de la transformación es comunicada por los líderes de la iglesia[3]:

◆ El evangelio que yo predico y enseño, ¿hace que los que lo escuchan lleguen a ser discípulos de Jesús de tiempo completo?

◆ ¿Los que lo creen se convierten en sus aprendices como un "siguiente paso" natural?

◆ ¿Qué podemos esperar razonablemente que resulte de la gente que realmente está creyendo la sustancia de mi mensaje?

Cuando hace años mi esposa y yo estuvimos sentados hasta el final de la gran presentación del campamento de música de los niños de sexto grado, tratamos de localizar a nuestro hijo en la fila trasera de la sección de trombones. Cuando lo encontré, vacilé entre dos reacciones. La primera fue la de ponerme en pie y gritar: "¡Ese es mi Barney!", como lo hizo el padre en la película *The Music Man* (El Músico). La otra reacción incluía reflexionar sobre las semejanzas que esta escena musical había tenido con el discipulado. La última pareció una decisión más sabia.

Conforme los jóvenes músicos terminaban cada canción, la audiencia de padres y abuelos, y también de hermanos que habían asistido renuentemente, estallaba en un aplauso clamoroso. ¿Qué estábamos aplaudiendo? Créanme, no era un sonido magnífico. Algunos de los jóvenes músicos sólo recientemente habían aprendido cómo preparar su instrumento, ya no digamos tocarlo.

Nosotros no estábamos aplaudiendo una gran actuación: ¡estábamos aplaudiendo el cambio! Después de todo, la mayoría de nosotros había escuchado tocar a esos mismos muchachos en quinto grado. Estábamos celebrando agradecidamente el cambio que habíamos escuchado. Aunque los instrumentos eran diferentes, el proceso seguía siendo el mismo.

Esperábamos cambio; lo alentábamos. Habíamos pagado impuestos para contratar maestros que pudieran facilitarlo. Asistimos a conciertos de la escuela media superior para poder recordar cómo sonaría eventualmente el cambio. Pagamos lecciones de música y luego soportamos interminables horas de escuchar practicar a nuestros hijos. Alabamos, desafiamos y demandamos disciplina musical a pesar de la renuencia, las quejas, las excusas y las lágrimas que nuestra supervisión obtenía. Inicialmente, la motivación para que nuestro hijo cambiara fue obviamente externa. Luego, casi mágicamente, de la noche a la mañana, el apremio se volvió interno. Los principiantes se concentraron en las escalas, en la postura, en la digitación, en el conteo y muchas otras luchas técnicas se desvanecieron gradualmente, y la música empezó a fluir del interior.

Con esta experiencia en mente, ¿usted piensa que la iglesia inconscientemente pasa la mayor parte de su tiempo promoviendo miembros para la audiencia en lugar de músicos? La gente puede asistir a la iglesia y sentirse entretenida, y hasta impresionada. Algunos salen con una sensación maravillosa y cálida. Pero ¿alguna vez aprenderán a tocar un instrumento por sí mismos? ¿Se transformarán alguna vez en verdaderos músicos a los que les encante hacer música para Dios con otros?

La transformación espiritual es como aprender a tocar la música de Dios mediante el instrumento de su alma. Los líderes de la iglesia sencillamente no pueden lanzar a todos juntos en una gran orquesta y esperar una gran actuación. Se requiere esfuerzo con propósito, combinación de conocimiento, habilidad, práctica, disciplina, instrucción y aliento. Se requiere destreza individual y participación grupal. Se requiere la capacidad para seguir al director y tocar afinados juntos. Cuando sucede, es hermoso. Pero solamente el ministerio que hace planes para un sonido transformado llegará a escucharlo.

[1]Os Guiness, *The Call* (Nashville: Word, 1998), p. 85
[2]Edwin Abbott, *Flatland: A Parable of Many Dimensions* (New York: Penguin, 1984).
[3]Dallas Willard, *The Divine Conspiracy* (New York: HarperCollins, 1998), p. 58.

CAPÍTULO CUATRO

Evangelismo
desempacado

Así que, somos embajadores en nombre de Cristo; y
como Dios os exhorta por medio nuestro, rogamos en
nombre de Cristo: ¡Reconciliaos con Dios!

2 Corintios 5:20

U N PASTOR ME LLAMÓ el otro día y me pidió ayuda para
discipular a personas que, después de pasar al frente durante
la invitación en su iglesia, no querían necesariamente seguir a
Cristo o relacionarse con la congregación. "No tenemos problemas logrando decisiones", me explicó. "Sí tenemos problemas
para conseguir discípulos". Después de analizar su ministerio, yo
me pregunté si el problema estaba más en el enfoque de evangelismo de la iglesia que en su estrategia de seguimiento.

¡Evangelismo! He observado tres excelentes maneras para
que el ritmo cardíaco de una persona alcance niveles aeróbicos
rápidamente: trotar por 30 minutos; perder a su niño de dos años,
que empieza a caminar, mientras está de compras en una tienda
de cristalería; o escuchar la palabra "evangelismo". Mencione
este tema y muchos buscan el cartel de "salida", fingen dolor de
cabeza o recuerdan una cita que nunca hicieron. Nada puede traer
más rápidamente terror, culpa o solamente puro sudor al cristiano
promedio, que ese tema. ¿Por qué? Porque típicamente la gente
asocia el evangelismo con vendedores insistentes de autos usa-
dos, con evangelistas de la televisión, vendedores de puerta en
puerta, predicadores de campañas y así por el estilo.

Cuando pregunto a líderes de las iglesias cómo piensan que

49

pueden aumentar el evangelismo, la respuesta casi siempre incluye contratar a alguien más para ese trabajo. Un pastor me confió: "Nuestro evangelismo despegará cuando podamos permitirnos contratar a alguien dotado para el evangelismo que marque el paso para nosotros". Lo que en realidad decía era: "Ojalá que yo pueda quitarme a este tipo de encima para que pueda limitarme a la enseñanza, que me encanta".

Otras iglesias enfrentan este asunto al programar un gran evento. A menudo contratan a un orador muy bien conocido que proclama el evangelio en un desayuno para hombres, un almuerzo para las damas o en una comida para los matrimonios. Solamente unos cuantos miembros realmente invitan a sus vecinos (la mayoría no conocen a sus vecinos), de modo que la audiencia se forma de asistentes regulares a la iglesia con unos cuantos parientes que están en la ciudad para el fin de semana. Los que asisten disfrutan ver a sus amigos de la iglesia por tercera vez esa semana.

Cuando George Barna resumió su investigación sobre el evangelismo en el video *The Ten Myths of Evangelism* (Los diez mitos del evangelismo), él informó algo semejante. Su libro *Evangelism That Works* (Evangelismo que da resultados) declara que a pesar de los 250 mil millones de dólares que gastan anualmente las iglesias estadounidenses, solamente uno entre ocho miembros de la iglesia se siente preparado para compartir su fe. Barna también descubrió que la iglesia típica designa solamente el dos por ciento de sus ingresos anuales al evangelismo[1].

Cuando la iglesia sí evangeliza, a menudo mide su éxito en términos de los despliegues iniciales de fe en vez de por los cambios más profundos que surgen del discipulado. El capítulo 3 trata de este asunto: la profunda diferencia entre conformación y transformación. Muchos líderes de iglesias ansiosamente cuentan e informan bautismos, oraciones o número de tarjetas de respuesta que resultan del evangelismo orientado a los eventos. Sin embargo, porque solamente Dios conoce el corazón de una persona y solamente Dios trae conversión, siempre mediremos el impacto del evangelismo con algún grado de incertidumbre.

Aunque hay lugar en el proceso de evangelismo para tener grandes eventos ("campañas") y para usar indicadores de respuestas, ellos me recuerdan mi primitivo método de evangelismo "de pasada". Esta estrategia incluía sembrar ampliamente, cosechar lo cosechable y seguir adelante rápidamente.

Los grandes eventos encajaban en la efímera cultura universitaria donde primero recibí entrenamiento para el evangelismo. Allí mis colegas y yo ambicionábamos exponer al evangelio a tanta gente como fuera posible. Con 40.000 estudiantes en el campo universitario y con el dicho de Jesús fijo en nuestra mente: "¡Alzad vuestros ojos y mirad los campos, que ya están blancos para la siega!" (Juan 4:35), nosotros buscábamos la cosecha. Hasta calculábamos una cosecha del campo estadísticamente realista. Si uno comparte el evangelio con diez personas, uno inevitablemente llegará a ser cristiano.

La población total del campo misionero de la universidad, combinada con el hecho de que 10.000 nuevos estudiantes aparecían cada año, creaba oportunidades infinitas. Así pues, nosotros encontrábamos a los que estaban interesados en buscar a Dios y pasábamos tiempo con ellos.

Además, nuestra organización paraeclesiástica interesada en misiones patrocinaba debates sobre el tema de Dios y tenía reuniones en las cuales profesores y atletas compartían sus testimonios. De esta manera, veíamos con emoción a centenares de estudiantes venir a Cristo.

El apóstol Pablo practicaba una estrategia similar "de pasada". Él pasaba por una ciudad, predicaba el evangelio, segaba una cosecha, establecía una iglesia y viajaba a la siguiente comunidad. Su llamado y motivación se centraban en predicar el evangelio donde nunca había sido predicado. No obstante, cuando instruía a la iglesia primitiva sobre el evangelismo, él no enseñaba que imitaran este método. En vez de eso él primeramente enseñaba a penetrar la cultura local y hacer discípulos.

En algunos lugares la estrategia de evangelismo "de pasada" todavía funciona. Sin embargo, a pesar de la movilidad de la cultura actual, la mayor parte de la población vive en comunidades que tienen un sentido de permanencia. Comprar una casa representa todavía el cumplimiento de un sueño. Por eso, un enfoque de penetración, no un enfoque "de pasada", funciona mejor.

Yo no podía apreciar completamente esto hasta que trabajé como ingeniero aeronáutico para una fabrica de aeroplanos en Seattle (EE. UU. de A.). Después de que la compañía me colocó en una división de electrónica asignada a realzar el jet Jumbo 747, rápidamente comprendí que las diez personas en mi división no se ajustaban al perfil "de pasada". Más bien, yo anticipé trabajar con ellos por años. Si yo usaba una estrategia de "sembrar ampliamente, segar lo cosechable y seguir adelante", habría sido una ocupación solitaria y sin fruto.

Desafortunadamente algunas iglesias todavía promueven una estrategia de evangelismo "de pasada" en el contexto de comunidades estables y bastante permanentes. Esto finalmente aparta a la iglesia de la sociedad y alienta una mentalidad de fortaleza, la antítesis del evangelismo. De hecho, al usar la estrategia de pasada en comunidades establecidas facilita que la gente perdida escape de la influencia de la iglesia. Todo lo que tienen que hacer es rechazar la invitación al evento estilo "de pasada".

Si dicen "no, gracias" a una invitación, quedan indefinidamente fuera de alcance. Por otra parte, cuando una iglesia evangeliza con una estrategia de penetración de amor permanente, de relación y servicio, es mucho más difícil para los no cristianos ignorar el mensaje del evangelio de la iglesia.

En *Follow Me* (Sígueme)[2] Jan Hettinga explica que el evangelio no es meramente un regalo que debe ser recibido, sino un nuevo líder al cual seguir. Dado un público crecientemente analfabeto en cuestiones bíblicas, la comunidad cristiana necesita hacer más que meramente exponer al evangelio a los que están fuera de la iglesia. Se necesita ayudar pacientemente a los que están dentro y sin entender más completamente el evangelio en comunidad. Eso, también, puede ser una parte crítica del proceso del evangelismo porque representa un regreso a las raíces de la fe cristiana.

El gran evento de Pentecostés lanzó a la iglesia del primer siglo, y los dones espirituales tales como la predicación y la enseñanza a menudo equipan a la gente a guiar campañas de evangelización hoy en día. Sin embargo, la primera generación de cristianos ciertamente no veía el evangelismo como un evento dirigido a una experiencia, ejecutada por los pocos valiosos con ese don. Más bien, el evangelismo y el discipulado tenían lugar entre los que "no tenían dones", mediante muchos eventos y encuentros pequeños.

¡Y buena cosa! La iglesia necesita un equipo —una comunidad de gente— que sea eficiente. Una persona sola no tiene todos los dones, y entender este concepto ayuda a una iglesia a descubrir una nueva libertad para trabajar como una unión de partes con cada miembro usando su don en el proceso de evangelismo/discipulado. El hecho es que, cuanto más una iglesia se concentra en alcanzar a los perdidos, tanto mayor la necesidad de aquellos con dones que ofrecen misericordia y alientan la relación. Esos dones en particular ayudan a la iglesia a demostrar mejor el amor de Cristo a un mundo secular y posmoderno.

De esta manera, la iglesia puede capitalizar las fuerzas y ayudar a cada miembro a encontrar libertad para servir de la manera en que Dios lo ha equipado. Es muy interesante que cuando dirijo talleres de evangelismo, frecuentemente pido que quienes piensan que tienen dones en ese terreno levanten la mano. En un seminario, solamente siete de los 70 levantaron sus manos. De esos siete, cuatro no habían compartido su fe con nadie en los pasados dos años. De los tres restantes, dos habían compartido su fe solamente una vez. La respuesta nunca pasa del 10% ¡y eso de una multitud interesada en el tema![3].

Sea cual sea el porcentaje de evangelistas con el don en cualquier iglesia, nunca habrá bastantes para edificar una estrategia en derredor. Necesitamos modelos que conecten con el otro 90% de la iglesia para impactar al mundo para Cristo. Afortunadamente el evangelismo puede empezar con cualquiera que tiene una relación dinámica con Jesucristo.

Gran parte del entrenamiento sobre evangelismo se concentra en enseñarle a un cristiano cómo compartir su testimonio y cómo explicar el evangelio, pero un individuo solo nunca cumple todo el proceso de evangelismo en aislamiento. El evangelismo sigue siendo una función del cuerpo de Cristo que refleja una utilización de los dones y una división de trabajo.

Mi esposa Mary descubrió esta dinámica hace unos cuantos años cuando conoció a Linda, una consejera de cosméticos interesada en alcanzar a sus amigas no cristianas. Conforme llegaron a conocerse comprendieron que Dios les había dado dones que se complementaban y que podían ampliar su alcance. Así pues, Mary usó su don de enseñanza mientras Linda usaba su don de hospitalidad para establecer algunos pequeños grupos de discusión bíblica sobre asuntos relacionados con las mujeres. Linda reclutaba y Mary dirigía las discusiones. Juntas podían hacer lo que cada una sola no podía.

Cuando leo el informe de Lucas sobre el encuentro de Felipe con el etíope (ver Hech. 8:26-39), a menudo me pregunto cuánta gente estuvo involucrada en este viaje a la fe en Cristo de este forastero. ¿A quién encontró en el templo en su reciente visita? ¿Dónde inició su interés en la fe monoteísta judía?

Yo encuentro gran aliento en el mensaje de Pablo a los corintios: "El que planta y el que riega son una misma cosa, pero cada uno recibirá su recompensa conforme a su propia labor" (1 Cor. 3:8). Me imagino que nos sorprenderemos cuando un día Dios evalúe el trabajo y suba a los segadores y a los cultivadores al estrado de la medalla de oro.

En Juan 17 Jesús pide que la unidad de los creyentes haga que los de fuera se enfoquen en Cristo. Nosotros no debemos nunca subestimar el poder que viene de establecer relaciones amorosas y productivas dentro del cuerpo y de exponer a los buscadores a ellas. La ausencia de tales relaciones puede explicar cuando menos una barrera al evangelismo eficiente en la iglesia de hoy.

Una iglesia amorosa y discipuladora aumenta al máximo su eficiencia al aprender más acerca de la manera en que piensan y sienten los no cristianos. (Sobre este tema, yo encuentro que libros como *Inside the Mind of Unchurched Harry and Mary* [Dentro de la mente de Harry y Mary que no son de la iglesia] de Lee Strobel[4] y *The Frog in the Kettle* [La rana en la olla] de George Barna[5] muy ilustrativos). Este tipo de iglesia también reconoce que existen tres categorías generales de no cristianos: los no cristianos dentro de la iglesia, los que visitan la iglesia y los que no visitan la iglesia. Esta conciencia capacita un alcance más eficaz.

Los no cristianos dentro de la iglesia

La iglesia siempre va a incluir a los que no son cristianos. No importa cuán estructurado sea el examen de los miembros de la iglesia, siempre habrá alguien que conoce las respuestas correctas pero que no tiene una relación personal con Cristo. En *Evangelism That Works* (Evangelismo que da resultados), George Barna llegó a la conclusión de que la mitad de los que asisten a las iglesias protestantes un domingo típico en la mañana no han aceptado a Cristo como Salvador.[6]

Jesús relató una parábola en relación con la mezcla de cizaña y trigo en el reino de Dios. Un día Dios juzgará y separará lo auténtico de lo falso como se describe en Mateo 13:24-30. Mientras tanto, dependiendo de la personalidad e historia de su iglesia, usted debe encontrar una manera de dirigir a este grupo —tarea nada fácil tomando en consideración que están cómodos en la cultura de la iglesia— y amorosamente aclararle el evangelio.

Los no cristianos que visitan la iglesia

La segunda categoría describe a los que no son miembros de ninguna iglesia y que visitan una congregación. La gente en este grupo puede ser considerada en un punto previo a pertenecer a la iglesia, porque ellos tienen algún tipo de punto de referencia de la iglesia. Por ejemplo, ellos pueden haber asistido a la iglesia cuando eran niños. Estos individuos concluyeron en algún punto que la iglesia no era esencial para su vida adulta, de modo que la dejaron atrás, como su chaqueta con las iniciales de su escuela. A menudo la gente que está en este punto previo a pertenecer a la iglesia posiblemente regresará como padres jóvenes que buscan ayuda para establecer bases morales para sus hijos.

"Yo no necesito esta religión", pueden razonar, "pero mis hijos sí. Yo puedo pasarme sin ella, pero ellos me preocupan; después de todo, un poco de moralidad religiosa no va a hacer daño".

En ocasiones estas personas, en el punto previo a pertenecer a la iglesia, le dan a Dios y a la iglesia una segunda oportunidad cuando el trabajo, la familia o las situaciones financieras resultan ser menos de lo que ellas habían planeado. Cuando el desengaño nubla sus sueños, cuando sienten que se han quedado sin soluciones, pueden tener la esperanza de que algo haya cambiado en la iglesia de su niñez y que esta vez sí habrá verdaderas respuestas a las grandes preguntas de la vida.

Esa gente tiene un punto de vista bíblico despreocupado del mundo. Dios está en una armazón moral, aunque distante e impersonal. Típicamente las mujeres sienten la necesidad de reconectarse con Dios y con la iglesia antes que los hombres. Son las que toman la iniciativa de introducir a la familia por las puertas de la iglesia. En este caso, la guardería de la iglesia y las clases de niños son factores importantes para influir en la decisión de regresar. Ayuda si el ambiente es optimista, amistoso y atractivo, y si los niños disfrutan la experiencia.

Muchas iglesias orientan intencionalmente los cultos del domingo en la mañana para satisfacer las necesidades de este grupo de gente. Estas iglesias se refieren a sí mismas como orientadas, destinadas o sensibles a los que buscan una iglesia. Varias iglesias se destacan como iglesias estandarte de esta clase de estrategia.

Un culto de domingo en la mañana del tipo sensible a los que buscan una iglesia es una estrategia para alcanzar a este grupo.

Pero no es el único, ni el que se ajusta a cada iglesia. En muchos casos, el culto de adoración del domingo no será una parte clave de la estrategia de alcance. Más bien, los líderes continuarán diseñándolo como un tiempo de adoración para la familia de Dios. Los de fuera son siempre bienvenidos, pero no son una prioridad. Otras iglesias se apoyan en un programa de grupo pequeño para hacer el punto de entrada menos intimidante. Existen muchas posibilidades.

Los no cristianos que no visitan la iglesia

Finalmente, algunas personas, por cualquier razón que sea, nunca visitarán una iglesia. Pueden expresar interés en Dios o en la espiritualidad, pero han decidido que la iglesia no es esencial para su forma de ver el mundo. Si hay respuestas espirituales a las grandes preguntas de la vida, esta gente está convencida de que no las encontrarán en la iglesia. No importa cuán grandes puedan ser los altoparlantes, cuán atractivo se vea el letrero o cuán grande sea el anuncio de la iglesia en el periódico, estas personas nunca van a asistir a las reuniones de la iglesia.

Me recuerdan a los excursionistas perdidos en las montañas, mientras que la iglesia me recuerda a una comunidad que opera en el valle. Muchos de los perdidos en esta categoría vienen de padres y hasta de abuelos que también se perdieron en las montañas. Por varias generaciones nunca han estado en el valle de las iglesias. Ni siquiera se casan en iglesias.

Hace algunos años, mientras miraba la televisión, por casualidad vi una historia real que habían convertido en un documental especial titulado *Snowbound* (Atrapados por la nieve). El drama giraba en torno a una joven pareja y a su bebé que se perdieron al tratar de cruzar las montañas en el norte de California en camino a Idaho. A pesar de la fuerte tormenta de nieve, Jim y Jenny tomaron una ruta alterna cuando la patrulla de caminos cerró la carretera principal. Como era de esperarse se encontraron bloqueados por la nieve en un camino solitario a 90 km del pueblo más cercano. No tenían provisiones ni medios de comunicación. Después de cuatro días de esperar ayuda en su camión, casi perdieron la esperanza. Como último recurso decidieron caminar 29 km por las montañas en busca de un camino que habían descubierto en el mapa. Después de caminar todo el día y toda la noche en la nieve profunda, no encontraron indicios de un camino.

Mientras tanto, su padres habían usado agresivamente todos los recursos a su disposición para ayudar en la búsqueda de sus hijos y su nieto. La policía, el servicio forestal y los medios de comunicación se unieron para rescatar a la familia extraviada. Sin embargo, a pesar de la dedicación y la habilidad del grupo, sus esfuerzos resultaron ser frustrantemente ineficaces porque enfrentaban dos grandes limitaciones. Primera, tenían que buscar en cientos de kilómetros cuadrados de terreno montañoso. Segunda, las continuas tormentas invernales hacían imposible el reconocimiento aéreo y por tierra.

Jim y Jenny, perdidos ya por seis días, decidieron separarse para sobrevivir. Mientras que Jenny y el niño esperaban en una pequeña cueva, Jim regresó a su camión abandonado con la esperanza de buscar desde allí, de nuevo, el pueblo más cercano.

El octavo día de su tribulación, mientras Jim bajaba tropezando por un camino abandonado y cubierto por la nieve, lo vio un ganadero. El ranchero inmediatamente llevó al hombre deshidratado y semicongelado a su cabaña en la montaña. Antes de que Jim fuera bajado de la montaña a un hospital local, el ranchero consiguió una vaga descripción de la ruta que había tomado desde la cueva.

El ranchero y unos cuantos de sus amigos se lanzaron en la tormenta para encontrar a Jenny y al niño. Finalmente, la descripción imprecisa que había dado Jim, combinada con el conocimiento de un policía montado local, proveyeron las indicaciones para un rescate milagroso.

Las personas perdidas espiritualmente están atrapadas también en las montañas, en los montones de nieve del secularismo, del escepticismo y del narcisismo. Debido a decisiones insensatas o a circunstancias desafortunadas, llegan a estar desesperadamente separadas de los esfuerzos de rescate de los que viven en el valle. Además, la gente del valle a menudo es inconsciente o desinteresada del destino de los perdidos en las montañas. La gente del valle está muy ocupada haciendo cosas saludables del valle que requieren su tiempo y su energía. Algunos escuchan acerca de la gente perdida en las montañas y tratan de ayudar. Algunos traen cobijas e instalan estaciones de socorro. Algunos escriben artículos y hacen videocintas sobre los peligros de viajar en la montaña. Algunos realmente tratan de volar sobre las montañas y dejar caer suministros.

Pero para alcanzar a los que están atrapados en las montañas de nuestra sociedad secular, la iglesia debe crear una ruta radicalmente alterna que requiera rancheros locales solícitos y también policías montados experimentados en dominar el terreno. También requerirá equipos de buscadores valientes que estén conscientes de la existencia de los perdidos y estén equipados para manejar los muchos obstáculos que pueden desanimar.

El libro de Hechos explica que la iglesia primitiva logró mucho de su éxito mediante la fuerza centrífuga a partir de Jerusalén. Mucho del Nuevo Testamento registra la manera en que Jesús cambió la dirección del evangelismo para siempre con su enfoque de "ir a las montañas".

Sin embargo, en el Antiguo Testamento los judíos usaban un modelo centrípeto de compartir de Dios con otros. Era una estrategia de "vengan a": Construir un gran templo, demostrar las leyes morales y civiles del Señor, y las naciones se darán cuenta y se acercarán.

La audiencia de Pedro en Hechos 2 fue una excepción y no la norma. La audiencia resultó de la fuerza centrípeta de la gente que se acercó al centro religioso, el templo. Pedro sencillamente aprovechó la reunión de la audiencia y apeló a la herencia religiosa de ésta con un mensaje que tocó la conciencia colectiva.

A pesar del enfoque de Cristo de "ir" para encontrar a los no cristianos y hacer discípulos de ellos, muy pocas iglesia contemporáneas se extienden más allá de sus cuatro paredes. En *Church Without Walls* (Iglesia sin paredes), Jim Petersen señala que algunas iglesia operan usando la lenta estrategia de "vengan y escuchen" como si todavía sirvieran a una sociedad mayoritariamente rural y analfabeta[7].

Las razones de mayordomía representan otra razón por la que persiste el evangelismo centrado en el edificio. Dado que muchos de los recursos van a la estructura, los miembros sienten que debiera ser bien usada. Pero la búsqueda de Jesús y de sus discípulos era más movible y flexible. De hecho, según James Rutz en *The Open Church* (La iglesia abierta), no fue sino a partir del siglo IV, durante el reinado del emperador Constantino que se desarrollaron los edificios de iglesias y la arquitectura "cristiana"[8].

Otra fuerza hacia adentro es la comodidad. El ambiente de la iglesia a menudo representa un hogar seguro para los cristianos, y creemos que otros seguramente sienten de la misma manera. Que la gente de fuera de la iglesia encuentra el edificio de nuestra iglesia sin atractivo, amedrentador, incómodo, o solamente raro, no es fácil de aceptar.

Como pareja que trataba de relacionarse con vecinos y con amigos fuera de la iglesia, Mary y yo pronto comprendimos que ni siquiera nuestro hogar era el primer lugar para iniciar una relación. Cuando invitamos a nuevas personas a pasar tiempo con nosotros en estos días, usualmente incluye un lugar neutral, como un restaurante o tal vez una comida en el patio de la casa.

El interior de nuestra casa, y mucho menos el edificio de una iglesia, sencillamente no es el terreno neutral para el de fuera de la iglesia. Por esta razón, planear actividades de evangelización dentro de "nuestros terrenos" crea una barrera innecesaria para muchos de los no cristianos. Para vencer esa barrera necesitamos sacrificar nuestra comodidad para calcular dónde las personas de fuera de la iglesia se sentirán más relajadas.

Finalmente, la manera en que los cristianos consideren a los no cristianos determinará la motivación para quitar barreras, edificios o lo que sea, para el evangelio. Mi primer entrenamiento sobre evangelismo a menudo se refería al proceso de evangelismo como ir a la guerra. Estábamos en una batalla e invadiendo territorio de Satanás. La oración era esencial, puesto que necesitábamos toda la armadura de Dios. Hasta ese punto, la teología es buena, pero algunas veces casualmente nos referíamos a los no cristianos como si fueran el enemigo al que debíamos capturar. Los no cristianos eran rebeldes que debían ser conquistados.

Yo descubrí finalmente que las imágenes del enemigo describían a Satanás, no a los no cristianos. Cuando Jesús anunció su misión en su ciudad de Nazaret, él describió a los no cristianos como ciegos, pobres y cautivos (ver Isa. 61:1, 2; Luc. 4:18, 19). En otras ocasiones él se refería a ellos como enfermos en necesidad de un médico u ovejas en necesidad de un pastor (ver Mat. 9:12; Luc. 15:3-6). Finalmente, en 2 Corintios 4:3, 4 Pablo se refiere a los no cristianos como muertos en necesidad de vida y ciegos en necesidad de vista.

Ciertamente no hay nada atemorizador en estas descripciones. De modo que en vez de sentir hostilidad, ahora siento compasión. En vez de ponerme a la defensiva, siento empatía, que es el lugar auténtico para empezar el proceso de evangelismo.

[1]George Barna, *Evangelism That Works* (Ventura, California: Regal, 1995), p. 84.
[2]Jan Hettinga, *Follow Me* (Colorado Springs, Colorado: NavPress, 1996).
[3]Barna descubrió que solamente el 12% de los que evangelizan piensan que tienen un don para hacerlo (ver *Evangelism That Works*, p. 73).
[4]Lee Strobel, *Inside The Mind of Unchurched Harry and Mary* (Grand Rapids, Michigan: Zondervan, 1993).
[5]George Barna, *The Frog in the Kettle* (Ventura, California: Regal, 1990).
[6]Barna, *Evangelism That Works*, p. 38.
[7]Jim Petersen, *Church Without Walls* (Colorado Springs, Colorado: NavPress, 1992), p. 118.
[8]James Rutz, *The Open Church* (Auburn, Maine: The SeedSowers, 1992), p. 55.

CAPÍTULO CINCO

Superación
de obstáculos

En la mañana siembra tu semilla, y por la tarde no dejes
reposar tu mano; porque tú no sabes cuál será mejor, si
esto o lo otro, o si ambas cosas son igualmente buenas.

Eclesiastés 11:6

UNA VEZ QUE UNA COMUNIDAD DISCIPULADORA
reconoce los tres grupos de gente no cristiana descritos en el
capítulo 4 —los no cristianos dentro de la iglesia, los no cristianos que visitan la iglesia y los no cristianos que no visitan la
iglesia— necesita enfocarse intencionalmente en superar las barreras. Las tres principales barreras en orden de dificultad son la
barrera volitiva (la voluntad), la barrera intelectual y la barrera
emocional.

Para entender estas barreras y la mejor manera de superarlas,
uso la metáfora de un castillo. Los terratenientes acaudalados en
la Europa medieval construían castillos para seguridad y protección. Idealmente los rodeaban con fosos como primer nivel de
defensa. Un puente levadizo podía ser descendido desde la puerta del castillo para permitir el acceso a los que eran considerados
amigos. Las murallas del castillo proveían el segundo nivel de
defensa. Por supuesto, cuanto más altas y gruesas las murallas,
tanto mejor la seguridad. Una puerta principal servía como punto
de acceso. La barrera final era la torre. ¡No es de extrañar que las
familias reales vivieran allí!

En términos de vulnerabilidad espiritual, la vida de muchas
personas se parece a esta figura feudal. Porque ellas gobiernan su

castillo, la bandera que ondea sobre él es la bandera del ego. El autogobierno —ser independientes de Dios— está en el corazón de la identidad de esas personas. Sin embargo, los que se han sometido a Cristo ondean una nueva bandera sobre su castillo para dar a conocer su lealtad a un nuevo rey.

El evangelismo intenta llegar a cada dueño de castillo para que baje su bandera y levante la bandera de Cristo en su lugar. Las comunidades discipuladoras pueden entonces entrar y hablar de las implicaciones de este nuevo liderazgo. Después de todo, cuando Cristo gobierna la vida del castillo, el ocupante destronado debe someterse al lento proceso de adquirir nuevos valores, creencias y conductas que agraden al rey.

Cuando los líderes de la iglesia planean su estrategia para llegar a la torre, pueden usar dos planteamientos. El primero, una mentalidad militar, consiste en atacar el castillo para derribar las murallas, destrozar la puerta y vencer la defensa. El otro planteamiento empieza con relacionarse con el gobernante del castillo en tal manera que eventualmente deje caer el puente levadizo, abra la puerta e invite a entrar en la torre.

Concentrémonos en el segundo planteamiento, que puede ser llamado "evangelismo de proceso". Este planteamiento reduce al mínimo las defensas que se levantan cuando la gente se siente amenazada. En este caso, la barrera emocional —el foso— es superada cuando un cristiano construye un puente de amor que toca el corazón del dueño del castillo. El puente finalmente debe ser suficientemente fuerte para soportar el peso de la verdad. El puente de amor edifica la confianza, permite a la gente sentirse segura y la capacita para escuchar un mensaje que finalmente confronta y convence de pecado. El puente también debe elevarse sobre el aislamiento, la sospecha, el temor y la hostilidad que nadan en el foso como tiburones.

Una vez que el cristiano haya superado la barrera emocional, enfrentará la abrupta muralla del castillo que representa la barrera intelectual. Al pie de la muralla es importante encender en los dueños el interés en el rey Jesús. Preguntas y respuestas pueden parecer como solamente otra sesión de información, pero el propósito de conversar ante esta muralla es para ayudar al dueño a entender la verdad de la información. Si eso sucede, el dueño abrirá las pesadas puertas reforzadas con herrajes.

Dentro del castillo, el cristiano puede ver la escalera de caracol de la torre y sabe que solamente queda la barrera de la voluntad. La gracia de Dios, combinada con el testimonio cristiano, finalmente puede dirigir al dueño del castillo al arrepentimiento. Entonces es cuando él levantará una nueva bandera en lugar de la vieja y no al lado de ella.

Poniendo un puente en el foso emocional

En este primer intento, la elección del material es crítica para el éxito de la construcción del puente. Típicamente, los equipos de hombres construyen puentes de acero, concreto y madera. Los materiales sólidos en las relaciones son la confianza, el respeto y la credibilidad. Esto significa que usted es accesible, creíble y auténtico. En las relaciones, los puentes pueden ser construidos en cuestión de momentos pero usualmente toma tiempo.

Los puentes que usted construye pueden no llevarlo sobre el foso, pero deben ser bastante fuertes para soportar a alguien más que cruce paso a paso con el peso de la verdad de Dios. Eso explica la razón por la que en el "evangelismo de proceso" no hay contactos insignificantes.

En la vida diaria usted no siempre puede compartir el evangelio, pero puede seguir construyendo puentes. Recuerde que cada encuentro con la gente no cristiana, sea espontáneo o planeado, es una oportunidad para entrar en el "evangelismo de proceso".

Comprar en un supermercado local adquiere un nuevo significado cuando uno se considera un constructor de puentes para Cristo. El vendedor ya no se ve como una máquina de registro animada, sino como el gobernante de un castillo que puede necesitar que se construya un puente.

Para empezar, identifique los puntos de contacto que Dios le dio. ¿Con quién se relaciona usted más cómodamente? Entonces trate de apreciar que el evangelismo puede suceder dondequiera que Dios lo pone a usted. Las nuevas relaciones pueden encontrarse donde usted trabaja y vive, donde usted juega, en su familia y mediante citas preparadas por Dios.

Mientras usted explora cada red de contacto, hágase esta pregunta: "¿A quién está colocando Dios en mi corazón para que tenga vida eterna?". No toda persona en su lugar de trabajo le responderá, o usted a ellos. No encontrará un terreno común con cada residente en su vecindario, pero todas estas redes de contacto resultan muy buenos lugares para empezar a mirar.

Tome algún tiempo para orar por la gente en esas diversas redes de contacto. Haga una lista de tres a cuatro de los que Dios ha puesto en su corazón. Si usted es parte de un grupo pequeño o dirige uno, aliente a otros a desarrollar una lista de gente que Dios ha puesto en su corazón y empiece a orar por ellos también.

Una vez que haya identificado su red de contacto, relaciónese. Empiece haciéndolo con aquellos con los que comparte actividades e intereses comunes. Fíjese que sin buscar a quienes tienen intereses compartidos, usted probablemente fracasará en su misión de construir puentes. Hay tres factores que aumentarán su eficacia como un constructor de puentes: la intención, la consolidación y la flexibilidad.

Intencionalidad
La interacción exitosa requiere intencionalidad. En vez de esperar pasivamente que las oportunidades aparezcan, usted necesita tomar la iniciativa. Organice la fiesta del vecindario, invite a su compañero de oficina a un partido de fútbol. Ofrezca cuidar a los niños de sus vecinos para que ellos puedan disfrutar un fin de semana fuera.

La intencionalidad se desarrolla cuando nosotros oramos por gente específica, cuando nos relacionamos sobre un lugar común, al satisfacer necesidades reales y cuando compartimos nuestra vida auténticamente. La construcción de puentes no puede hacerse sin este contacto. Si es una prioridad, esta clase de participación requerirá tiempo y sacrificio. ¿Se pregunta cómo puede usted añadir más actividades a un horario ya muy ocupado?

Consolidación

La consolidación de relaciones es una solución. En vez de crear actividades separadas para crear puentes de evangelismo, integre esas experiencias a lo que ya hace.

Jaime trabajaba en una oficina con otras 30 personas. Mientras hablábamos acerca de quién estaba en su corazón para dirigirlo a la vida eterna, cuatro o cinco hombres vinieron a la mente. El problema era que vivían en diferentes partes de la ciudad y su único contacto era el trabajo. La joven familia de Jaime y un cargado horario de trabajo le dejaban poco tiempo para nuevas actividades. Le pregunté lo que hacía para el almuerzo. El almuerzo era el único tiempo que él podía compartir con esos hombres. No requería ningún programa o viaje especial.

Jaime explicó que él usaba este intervalo del almuerzo para ponerse al día en el papeleo. La oficina quedaba vacía al mediodía y él podía concentrarse sin ser interrumpido. Él consideraba que su hábito era un uso eficiente del tiempo porque podía comer en su escritorio y llenar formularios en paz. Sin embargo, cuando conversamos él reconoció que haciendo pequeños ajustes él podía practicar la consolidación. Empezó a ir a almorzar una vez a la semana con uno de los hombres que él consideraba para evangelizar.

Flexibilidad

La construcción exitosa de puentes también incluye flexibilidad. La gente es más receptiva a asuntos espirituales en tiempos especiales. Esto me recuerda mis esfuerzos por emparejar el barro en mi traspatio. La tierra está muy mojada o muy seca para alisarla. Cuando está mojada, es pegajosa y forma una masa que es difícil de quitar de los zapatos, de las palas y de los niños. Cuando está seca es como concreto endurecido. Yo comprendo que hay un pequeño lapso cuando puedo trabajar con este suelo, ¡usualmente como dos días en la primavera y dos días en el otoño! La gente es como este barro. Uno nunca puede predecir cuándo el corazón de alguien estará sensible a las cosas espirituales. Puede ser como resultado de un despido del trabajo, por enfermedad o por un campeonato de fútbol. Por eso es importante estar conectado, estar listo para construir puentes durante esos tiempos infrecuentes cuando la gente está espiritualmente más sensible.

Entrada a la fortaleza espiritual

La entrada a través de la muralla del castillo sucede solamente cuando el dueño del castillo explora la verdad, la verdad espiritual. Para alentar esta exploración, los temas espirituales deben ser presentados en algún punto. Durante esta etapa de presentación, es importante traer la verdad bíblica a los valores de la vida. Estas conversaciones deben ir más allá de las noticias, del clima, de los deportes y de los niños, hasta los valores y necesidades de la vida. (A propósito: si usted no se siente cómodo al hablar de valores de la vida, no se sentirá cómodo compartiendo el evangelio). Trate de hurgar bajo los hechos en los sentimientos y creencias. Esto abre la puerta para compartir verdades bíblicas en asuntos de la vida. Estas presentaciones pueden ser formales o informales, planeadas o espontáneas.

Recuerde que los no cristianos, así como los cristianos, están tratando de integrar su vida. Tratan de hacer lo mejor que pueden con lo que tienen. Es solamente que no tienen todas las piezas. Este terreno común de integrar la vida le permite a usted compartir la pertinencia de la verdad bíblica y la manera en que la verdad ha influido en su vida.

En *Evangelism Through the Local Church* (Evangelismo por medio de la iglesia local), Michael Green escribe:

No mucha gente es llevada a Cristo por la ruta del intelecto, aunque alguna sí. Aunque el intelecto es vital, la gente en general es ganada cuando siente que Cristo viene a tocar los pedazos y los sentimientos quebrados en su vida[1].

Después de presentar los temas espirituales, la segunda etapa de entrar a la fortaleza espiritual incluye invitar a la gente a discutir el evangelio y otros asuntos de la Biblia. Finalmente, uno debe presentar a Jesús —sus demandas y sus enseñanzas— a aquellos que lo están buscando. Equipar a la gente para investigar y descubrir a Cristo en esta etapa del evangelismo puede requerir una variedad de herramientas. *Mujer, Jesús se interesa por ti* (Casa Bautista de Publicaciones, 1998) ofrece maneras de estimular el descubrimiento y la investigación. Ese libro puede usarse individualmente o en grupos pequeños.

El ascenso a la torre de la voluntad

La tercera y más poderosa barrera a la fe es la voluntad. El enfoque de esta etapa del evangelismo es la persuasión: ayudar al dueño del castillo a convertirse a una fe personal. Esta es la parte anticipada de la jornada donde Dios, por gracia mediante la fe, crea nueva vida.

Este proceso a menudo se expone también en dos etapas. La primera, la etapa de la clarificación, incluye presentar un resumen del evangelio fácilmente entendible. Después de que Jesús clarificó a sus discípulos quién era él, se detuvo y los interrogó: "¿Quién dice la gente que soy yo?", les preguntó. La segunda pregunta de Jesús fue más personal: "Y *vosotros*, ¿quién decís que soy yo?" (Luc. 9:18, 20, cursivas añadidas). Aunque el entendimiento de la multitud era todavía incompleto, habían llegado a algunas conclusiones importantes. Por eso, cuando clarifique el evangelio, propóngase ayudar al que está buscando a que tenga claro todo conforme el Espíritu Santo trae convicción y fe.

Dice el refrán: "Cuando lo único que uno tiene es un martillo, trata a todos como clavos". Al desarrollar un creciente equipo de ilustraciones de presentación, usted puede personalizar este mensaje con la gente que conoce.

Clarificar el evangelio en una forma visual resumida lleva naturalmente a la segunda etapa del ascenso de la torre de la voluntad: la investigación. Esta sucede cuando un cristiano pregunta al que busca acerca de su peregrinaje espiritual. Este enfoque da al que busca una oportunidad, y algún incentivo, para dar el siguiente paso. Este paso puede ser arrepentirse y recibir a Cristo por fe. O sencillamente podría ser dar otro paso más cercano a Cristo. La investigación puede ser tan sencilla como preguntar: "A la luz de lo que acaba de ver en esta ilustración, ¿dónde diría usted que está en su peregrinaje hacia Dios?".

Hay solamente tres respuestas que la gente tiene para el evangelio. En el evangelismo de proceso, necesitamos saber cómo reconocer y manejar cada una de ellas. Pablo experimentó las tres respuestas cuando pronunció su mensaje en Areópago (ver Hech. 17:22-34). Un grupo respondió riendo burlonamente. Ellos pensaban que Pablo estaba loco o que el mensaje era extraño o las dos cosas. No estaban preparados para aceptar lo que él había predicado. Obviamente necesitaban más tiempo y más orientación. Las barreras emocionales y también las intelectuales necesitaban ser penetradas antes de que Pablo pudiera siquiera pensar en penetrar la barrera de la voluntad de ellos.

Otro grupo dijo: "Te oiremos acerca de esto en otra ocasión" (v. 32). Tenían curiosidad, pero no estaban convencidos. Eran buscadores que necesitaban más investigación y experiencias de descubrimiento. La gente en esta etapa de acercamiento a Cristo necesita oportunidades para explorar asuntos del evangelio. Uno debe pasar tiempo superando las barreras intelectuales atrayéndola a verdaderas investigaciones.

La tercera respuesta que Pablo recibió fue que "algunos hombres se juntaron con él y creyeron" (v. 34). Dios había abierto sus corazones. Los individuos en este grupo creen o quieren creer. Ayudar a esta gente a formular su decisión en oración es un momento emocionante en el evangelismo de proceso.

A menudo, sin embargo, los que buscan vienen a la fe a lo largo de su peregrinaje y no lo dicen sino hasta después. Luis había estado discutiendo la Biblia por meses con su amigo Roberto sin notar ningún cambio en él. Un día, en vez de referirse a "lo que tú crees" y a "tu Biblia", Roberto empezó a referirse a " lo que *nosotros* creemos" y a "*nuestra* Biblia". Después de preguntarle, Roberto dijo que unas cuantas semanas antes él había respondido a Cristo por fe después de una de sus conversaciones con Luis.

La mayor parte del entrenamiento para el evangelismo se concentra en los esfuerzos individuales como los de Luis, y la suposición es que Luis debiera ser capaz de superar cada barrera igualmente bien. Por ejemplo, Luis debió ser tan capaz de construir puentes sobre la barrera emocional mientras escalaba la torre de la voluntad. Aunque el entrenamiento del evangelismo individual es ciertamente una parte clave de cualquier estrategia de alcance, una mayor eficacia resulta de unirse a otros en alcance en equipo o compartido.

Alcance en equipo

Muchas iglesias usan grupos pequeños para nutrir y cuidar. Han experimentado los beneficios de un grupo pequeño concentrado en un objetivo común. Los mismos beneficios resultan cuando los equipos practican el evangelismo. Los equipos invitan a la gente a ejercitar sus fuerzas a la vez que se benefician con las fuerzas de los otros. Los equipos también alientan la responsabilidad y agudizan el enfoque de los grupos sobre este ministerio esencial.

Como equipo, dos o más personas deciden simplemente ser más deliberadas en cuanto a traer a Cristo al castillo de una persona. Trabajan juntos para superar las barreras de la emoción, del intelecto y de la voluntad. En lugar de solamente una ejemplificación individual de la fe cristiana, el equipo llega a ser el modelo además del individuo dentro de él.

Jesús apreciaba la dinámica de equipo. Después de todo, él formó a 12 hombres en un grupo identificable concentrado en su misión. Aun en su entrenamiento inicial, Jesús no envió a los discípulos como individuos sino en parejas. Pablo usaba equipos para llevar el evangelio al mundo gentil. Si uno quiere alcanzar una cultura moderna crecientemente aislada de la iglesia, necesitará equipos.

Después de leer *Conspiracy of Kindness* (Conspiración de Bondad)[2] por Steve Sjogren, una iglesia formó un equipo de evangelismo para enfocarse en nuevos residentes del vecindario abrumados con desempacar y establecerse. Este equipo se ofreció a cortar el césped para hacerles la vida menos agitada. No les cobraron nada. Fue un servicio incondicional y sin otro propósito que mostrar el amor de Cristo en una manera tangible. De esta manera, los equipos pueden edificar puentes fuertes sobre los fosos emocionales de la vida de las personas.

Los equipos también pueden entrar en la fortaleza intelectual. Como equipo pueden hacerse pequeños grupos de discusión sobre asuntos pertinentes como el matrimonio, los hijos y las finanzas; pueden realizarse en el mercado, en el vecindario o en una iglesia. Algunos equipos ofrecen grupos de recuperación para interesar a los buscadores a explorar la comunidad cristiana y respuestas de la Biblia a asuntos de la vida real. Estos equipos entienden que, en el contexto de un grupo pequeño y solícito, los buscadores pueden moverse más fácilmente de las necesidades espirituales que sienten al evangelio.

En algunos lugares algunos hombres de negocios usan eficazmente el alcance en equipo para entrar en fortalezas intelectuales que de otra manera estarían cerradas. Una vez al mes se reúnen para un foro de descubrimiento en el hogar de un hombre de negocios. Cada miembro del equipo trae a sus amigos buscadores para conocer a otros hombres y discutir asuntos relevantes de la Biblia. En este ambiente, los diestros en la enseñanza y la dirección de discusiones usan sus fuerzas mientras que los que tienen dones de hospitalidad ponen su parte. De esta manera, el equipo exitosamente expone a los buscadores a la unidad dinámica del cuerpo de Cristo.

Hace algunos años tuve el privilegio de trabajar con Bob y Betty Jacks, una pareja que ha modelado exitosamente el evangelismo mediante el modelo de equipo. Los Jacks llaman a su concepto de equipo "Su hogar: un faro"[3]. En este modelo un equipo se reúne en torno a una misión y una estrategia comunes. Organizan un estudio bíblico para no cristianos en el que una de las parejas es anfitriona, otra dirige la discusión y todos invitan a amigos.

Los equipos también pueden escalar la torre de la voluntad donde, para los no cristianos, ondea la bandera del "yo". Por ejemplo, mi esposa se unió a un equipo que auspició un té de Navidad. Este pequeño grupo de mujeres patrocinó un intercambio de galletas durante la temporada navideña e invitó a amigas a un hogar para compartir recetas y discutir la historia de la Navidad. La oradora compartió un sencillo mensaje del evangelio e invitó a las mujeres a responder firmando una tarjeta indicando su interés en recibir a Cristo o saber más. Este equipo inició un seguimiento basado en las respuestas.

Desarrollar equipos como este para el evangelismo requiere planificación, esfuerzo y creatividad, pero una vez que la gente experimenta los beneficios del trabajo en equipo, nunca estará contenta con ministrar sola de nuevo.

Alcance compartido

El alcance compartido incluye la típica "campaña de la ciudad" o el evento evangelístico de la iglesia en el que un orador comparte el evangelio con un grupo grande. Los resultados de este evento dependen del resto de la matriz; cuando la dinámica individual y de equipo no están en su lugar, los alcances compartidos usualmente son bastante estériles: no reproducen creyentes.

Una iglesia en una ciudad grande usó un alcance compartido como un evento para construir puentes al patrocinar un taller de arquitectura de jardines. La iglesia se ubicó en medio de un sector de la ciudad en crecimiento; muchos que se mudaban allí no estaban familiarizados con el clima. La iglesia patrocinó un seminario de "Arquitectura de jardines en la ciudad" y una comida que resultó ser como una fiesta de vecindario. De esta manera, la iglesia estableció relaciones, satisfizo necesidades y compartió el amor de Cristo de una manera práctica. Nadie presentó el evangelio; era meramente un evento para construir puentes.

Otra iglesia en otra ciudad contrató a un equipo deportivo cómico para actuar una noche. Esto también constituyó un gran evento constructor de puentes dirigido a la familia. La iglesia planificó este alcance compartido como una manera divertida de relacionarse con los que inicialmente no vendrían a un culto de la iglesia.

Muchas iglesias tienen miembros con pericia en áreas de necesidades sentidas. Una iglesia creó un alcance compartido que utilizó las habilidades y dones de los consejeros de familia en la iglesia. Finalmente la iglesia auspició un seminario de dos horas sobre la edificación de un matrimonio exitoso. Valiéndose de la popularidad del libro de John Gray "Los hombres son de Marte, las mujeres de Venus", la iglesia llamó al seminario: "¡Socorro, me casé con un extraterrestre!".

La iglesia usó el auditorio de la escuela secundaria local para que los miembros pudieran traer a sus invitados de fuera de la iglesia a un ambiente neutral. Se compartieron principios bíblicos, pero no en un lenguaje religioso. Después del seminario, muchos fueron a hogares o restaurantes a discutir el tema y a construir puentes.

Pero esté prevenido. Al planear alcances compartidos y también reuniones relacionadas con equipos, recuerde que nada socavará el momento del evangelismo más rápidamente que violar la integridad y el propósito del evento. Hace unos años algunas mujeres descubrieron el éxito al usar dinámicas de equipo, de modo que procuraron añadir alcance compartido a sus esfuerzos de evangelismo. Planearon un almuerzo con un desfile de modas e invitaron a un orador para hablar sobre un asunto relevante de la vida en una manera que no atemorizara, que fuera amistosa. El equipo reclutó a otras mujeres de la iglesia para invitar al evento a sus conocidas fuera de la iglesia. Para su consternación, todos entendieron el propósito de la reunión, excepto el orador. En vez de dar un mensaje que orientara a principios, dirigido a las que no estaban familiarizadas con la Biblia, el orador presentó una fuerte enseñanza bíblica. El contenido era excelente y apropiado para estudiantes de seminario, pero no para buscadores. Dado que las mujeres tenían una expectativa diferente cuando invitaron a sus amigas, se sintieron emboscadas. Imagínese lo difícil que será ganar la confianza de esas buscadoras cuando la iglesia planifique el siguiente evento.

Seguimiento de la veta

Finalmente, sin consideración de cuál método use usted, uno de sus más grandes desafíos será mantener móvil el evangelio, encontrando maneras de traerlo a castillos cercanos y lejanos. Para alcanzar más movilidad y eficacia con menos esfuerzo se requiere cierta predisposición. Yo la llamo "Seguimiento de la veta", y requiere trabajar más inteligentemente, no más arduamente, en evangelismo individual, de equipo y compartido.

Yo empecé a usar esta frase hace algunos años después de un campamento familiar en las montañas. Uno de los puntos destacados incluía un paseo en el monte, donde descubrimos algunas minas de plata abandonadas más arriba del bosque. Al acercarnos nos dimos cuenta de que amontonamientos no naturales de piedras amarillentas generalmente marcaban las entradas a las minas.

Al inspeccionar una mina me pregunté por qué el explorador había cavado allí cuando había tenido millares de acres de terreno de montaña de los cuales escoger. ¿Por qué escogería esta vertiente y no una de más allá? La literatura de turismo explicaba que los exploradores excavaban más bien a ciegas y esperaban finalmente dar con una veta de plata más profunda en el interior de la montaña, una grieta que los llevara a un filón de metal precioso. El viejo y gruñón explorador no estaba interesado en crear innumerables entradas a la mina para impresionar a las generaciones posteriores. Él quería plata, y montones de ella, de modo que se concentró en localizar y seguir vetas en esta zona montañosa. El evangelismo tiene su propia estrategia de "seguir la veta", pero muy a menudo los cristianos se entretienen creando entradas de mina en vez de seguir las vetas que ya han encontrado. Jesús ejemplificó el principio de "seguir la veta" al alcanzar a Mateo. En ese tiempo Mateo era como plata en forma de mineral bruto atrapado en las montañas, un inadaptado rechazado por la corriente principal de gente religiosa. Si Jesús hubiera tenido estudios bíblicos en el templo, Mateo no habría asistido. No habría sabido del estudio bíblico o no le hubiera interesado ir, hasta que Jesús lo encontró y le pidió que lo siguiera.

Mediante su relación con Mateo, Jesús logró acceso a otra gente de la montaña, de modo que Mateo fue la entrada a la mina, y la movilidad y flexibilidad de Cristo le permitieron encontrar otros discípulos en el tiro de la mina.

Hace algunos años Mary y yo discipulábamos a una pareja muy alejada de nuestra zona de comodidad socioeconómica y religiosa. La relación parecía como un encuentro divino que solamente Dios podía crear. Un día nos invitaron a dirigir un estudio bíblico en su hogar para ellos y unas cuantas parejas más en su círculo social. El grupo nos aceptó cautelosamente al principio, pero finalmente ganamos su confianza y respeto. Y en esta manera —porque habíamos estado dispuestos a explorar la veta, no solamente la entrada de la mina— desarrollamos una nueva red de comunicación que de otra manera habría quedado escondida de nuestra vista.

Desafortunadamente la iglesia tiende a tomar el descubrimiento inicial de plata y bajarlo de la montaña en vez de continuar excavando en el mismo lugar. Esto resulta en muchas entradas de túnel sin mucha plata.

¹Michael Green, *Evangelism Through the Local Church* (Nashville, Tenn.: Nelson, 1990), p. 224.

[2]Steve Sjogren, *Conspiracy of Kindness* (Ann Arbor, Michigan: Vine Books, 1993).

[3]Bob y Betty Jacks, *Your Home a Lighthouse* (Colorado Springs, Colorado: NavPress, 1986).

CAPÍTULO SEIS

Dinámicas
del discipulado

Lo que oíste de parte mía mediante muchos testigos, esto
encarga a hombres fieles que sean idóneos para enseñar
también a otros.

2 Timoteo 2:2

EL GOLF HA EXPLOTADO en la escena del deporte esta-
dounidense en años recientes, tanto en varones como en
damas, con estrellas como el extraordinario Tiger Woods. Los
torneos profesionales de golf han despertado más interés. Encima
de todo eso, el recién terminado Salón de la Fama de Golf en San
Agustín, Florida, ahora celebra la historia del deporte con una
institución oficial.

Seguramente parte de la popularidad y fascinación del golf
en EE. UU. de A. surge de su atractivo para todos los grupos.
Todos pueden jugarlo, jóvenes y ancianos, hombres y mujeres,
atletas y no atletas. Jugadores de hockey del pasado con rodillas
lastimadas, jugadores de baloncesto retirados con espaldas lastimadas, y aspirantes a atletas que nunca llegaron a ser profesionales pueden jugar golf y tener algún éxito.

Aunque estos grupos diversos disfrutan jugar al golf, en ocasiones hasta el nivel del fanatismo, otro grupo lo encuentra
indeciblemente aburrido. Pegarle a una pelota redonda a través
del bosque parece tan emocionante como mirar la pintura seca. Si
usted pertenece a este grupo, tenga paciencia conmigo mientras
trazo un paralelo entre el desarrollo del juego de golf de uno y la
creación de una iglesia que hace discípulos intencionalmente.

Hay tres tipos de palos de golf en la bolsa que necesitan ser dominados para desarrollar una iglesia discipuladora intencional. Hablando aproximadamente, están las *maderas* (*drivers*), los *hierros* (*irons*) y el palo para *tiros cortos* (*putter*). Cada palo tiene ventajas y limitaciones. Los golfistas expertos no solamente saben cómo usar cada palo, sino que también saben cómo escoger el palo adecuado para cada tiro.

Los palos de madera —llamados así por la histórica cabeza de madera del palo o porque la mayoría de los que los usan terminan tirando las pelotas en el bosque— le dan al golfista la oportunidad más grande de alcanzar distancia. Desafortunadamente, un pequeño grado de falta de precisión inicial produce un exagerado error al final del tiro, así que el uso de maderas significa típicamente sacrificar exactitud por distancia. Los hierros, por otra parte, proveen un aumento de control en lugar de la respetable distancia. Finalmente, el palo más exacto disponible es el palo para tiros cortos (*putter*), pero funciona mejor solamente en distancias muy cortas.

Jesús ordenó el discipulado, algo que siempre sucede dentro de tres dinámicas de relación: grupos grandes, grupos pequeños y vida a vida. Esta dinámica de relación se parece a los palos de golf en que cada una tiene fortalezas y limitaciones. Y, como un golfista habilidoso, la comunidad discipuladora intencional se beneficia de aprender cuándo y cómo usar cada una con mayor eficacia. Algunos ministerios favorecen uno e ignoran los otros, pero para un impacto máximo, es importante entender y jugar con los tres.

Grupos grandes: el palo de madera

Los grupos grandes se forman de 70 personas o más. Y es muy interesante que la dinámica de los grupos grandes sigue siendo aproximadamente la misma en grupos de un centenar como en grupos de diez mil o más. ¿Por qué? Porque en grupos grandes la mayoría es simplemente espectadora. Este ambiente inevitablemente limita la participación y la intimidad. Sin embargo también puede inspirar, informar y motivar.

Históricamente, la dinámica de grandes grupos ha sido eficaz en disparar la primera fase del proceso de discipulado. Por ejemplo, en el siglo XVIII, Jorge Whitefield y Juan Wesley dirigieron eficazmente campañas evangelísticas por la misma razón que Billy Graham las dirigió en el siglo XX. Jesús mismo predicó del reino de Dios a grandes grupos de cinco mil a diez mil personas.

En la década de 1990 millares de hombres fueron motivados en enormes concentraciones de Cumplidores de Promesas efectuadas a través de los Estados Unidos de América. Los que asistieron a la concentración de Washington, D. C. en 1998 pueden recordar lo imponente que fue escuchar literalmente a un millón de hombres alabar juntos a Dios.

Otra ventaja de la dinámica de los grandes grupos es que abre espacio para la diversidad, que ayuda a comunicar un sentido de la majestad y la trascendencia de Dios. Al mirar a la multitud en mi primera concentración de Cumplidores de Promesas en el estadio Arrowhead en la ciudad de Kansas, me di cuenta de cada forma, color y cultura compartiendo una unidad y una armonía (no musicalmente) usualmente exclusiva de los grandes grupos. Lo que es más: un doctor estaba sentado a mi derecha y un plomero a mi izquierda. Unos hombres en silla de ruedas estaban sentados detrás de mí y un anciano delante de mí.

En general, la gente a menudo siente un poderoso movimiento del Espíritu de Dios cuando los creyentes se unen en oración y adoración. Después del culto del viernes en la noche, un hombre compartió que cuando él vio y escuchó a millares de hombres cantar juntos "Cuán grande es él", empezó a reconsiderar también la importancia de Dios en su vida.

Pese a las ventajas de la inspiración, la información y el ímpetu, la dinámica de los grupos grandes también tiene limitaciones, como lo confirmará cada pastor que se prepara para su mensaje del domingo en la mañana. ¿Quién, exactamente, es la audiencia objetivo? La multitud mezclada incluye tantas personas con variedad de trasfondos y necesidades que los pastores pueden no saber los asuntos clave para comunicarles y mucho menos cómo comunicarlos eficazmente.

Otra realidad de la dinámica de los grupos grandes es que poca gente puede dirigir bien a grupos grandes. Pocos poseen el talento que se necesita para ministrar exitosamente a una gran multitud. Los que lo hacen, lo hacen parecer fácil. Cuando oradores cristianos dotados como Luis Palau o Billy Graham captan la atención de millares, uno se siente tentado a pensar: "¡Yo podría hacer eso!". Yo siento lo mismo al mirar a Tiger Woods dar su tiro inicial. Pero, realistamente, yo no puedo avivar a una multitud como ellos pueden hacerlo ni jugar al golf como Tiger Woods.

Cuando un ministerio valora solamente la dinámica de grupos grandes, provoca frustración e ineficacia. Además, cuando el único modelo de ministerio es la enseñanza y la predicación ante una multitud, la mayoría de la gente queda relegada al margen y en el papel pasivo de espectador. Eso explica por qué Jesús no usó la dinámica de grupos grandes como su principal ejemplo de ministerio.

"Fue en el 323, casi 300 años después del nacimiento de la iglesia, que los cristianos se reunieron por primera vez en algo que ahora llamamos 'templo' ", escribe James Rutz en *The Open Church* (La iglesia abierta). "¡En los 300 años previos la iglesia se reunía en las salas de las casas!"[1]. Ciertamente, durante los primeros 3 siglos de crecimiento de la iglesia, los líderes normalmente ministraban sin dinámica de grandes grupos. La persecución y la falta de edificios enormes explican en parte por qué. Sin embargo, cuando el cristianismo se volvió una religión nacional popular bajo el emperador romano Constantino, en el siglo IV, los grupos grandes llegaron a ser la norma del ministerio.

Los ministerios pequeños pueden crear esta dinámica uniéndose a otras iglesias para celebraciones especiales de adoración, conferencias nacionales y seminarios. Las iglesias grandes ofrecen esta dinámica cada domingo en su culto principal (en la mañana o en la noche), lo cual da a ese grupo su propia identidad e ímpetu. Sin embargo, el peligro aparece cuando una iglesia dedica la mayor parte de su energía al uso del palo de madera de grupos grandes y rara vez desempolva el resto de los palos. En otras palabras, cuando el palo de madera de grupos grandes es la herramienta principal, tiende a convertirse en un fin en sí mismo en vez de ser un medio para un discipulado eficaz. Puede consumir la energía de toda la comunidad, y en vez de contribuir al proceso de madurez solamente crea espectadores inmaduros. En vez de movilizar al cuerpo para servir, solamente solidifica a unos cuantos para actuar.

Al declarar la "gran comisión", Jesús dijo que hacer discípulos requiere enseñarles "que *guarden* todas las cosas que os he mandado" (Mat. 28:20; cursivas añadidas). ¡No es solamente "enseñándoles todas las cosas que os he mandado"! La importante frase "que guarden" es decisiva para el proceso de discipulado porque significa seguir a Jesús, no solamente escuchar su mensaje. Es la diferencia entre información y aplicación.

Según una investigación sobre las creencias y prácticas estadounidenses, existe muy poca diferencia entre los que se llaman cristianos y los que no. ¿Será que estamos pegando tiros largos con la dinámica de grupos grandes, pero cayendo en el bosque con muy pocos tiros cortos de vida a vida?

Cristo, al final del Sermón del monte, contó una parábola acerca de la construcción de una casa (ver Mat. 7:24-27). La diferencia entre la casa que se mantuvo firme y la casa que se derrumbó no fue la información. Las dos fueron construidas con el mismo plano. La diferencia estuvo en el fundamento: arena contra roca, escuchar contra hacer.

Una debilidad de la dinámica de grupo grande es la falta de aplicación y responsabilidad personal. Es cierto que algunos tomarán lo que escuchan sentados en la banca y lo pondrán en práctica fuera del culto. Pero para la mayoría, hasta las buenas intenciones son bombardeadas cuando el culto termina y la vida real explota de nuevo alrededor del discípulo en ciernes.

Grupos pequeños: los hierros

Los golfistas usan los hierros para poner la pelota cerca del hoyo. Los grupos pequeños funcionan como esos hierros. Hace 20 años, las iglesias que usaban los grupos pequeños estaban en la avanzada del ministerio. Hoy, las iglesias que no usan los grupos pequeños parecen haberse quedado atrás. Sin embargo, los grupos pequeños solamente representan un medio para un fin: alentar el discipulado.

Los grupos pequeños de cuatro a doce personas característicamente avanzan a una dinámica de comunidad más íntima; una en la que los miembros sienten suficiente seguridad y confianza para compartir sus sueños, sus temores y sus inquietudes, que no revelarían nunca en un grupo más grande. Puesto que es más difícil esconderse en un grupo pequeño, se desarrolla también un sentido de propiedad y responsabilidad mutuas.

La manera de Wesley

Juan Wesley, en el siglo XVIII, dependía de grupos pequeños después de predicar exitosamente a las multitudes en las nacientes ciudades de Bristol y Kingswood, donde los mineros de carbón respondían especialmente bien al evangelio. Aunque predicaba a grupos de cinco a seis mil personas temprano en la mañana y hasta de veinte mil en la noche, Wesley no estaba contento con la dinámica de grandes grupos solamente. Él sabía que se necesitaba algo más íntimo para discipular a los nuevos cristianos hacia la madurez espiritual.

Finalmente, Wesley diseñó su movimiento metodista con grupos pequeños para alentar la madurez a todo nivel. Las "clases", "cuadrillas" y "sociedades selectas" resultantes se enfocaban cada una en una etapa diferente de crecimiento[2]. Las clases invitaban a buscadores a explorar y descubrir la realidad de la fe en Cristo. Las cuadrillas, por su parte, se reunían para alentar a los ya decididos a edificar una vida santa. Según el libro *The Radical Wesley*

(El Wesley radical), de Howard Snyder, los miembros de las cuadrillas respondían a preguntas tales como: (1) ¿Qué pecados conscientes ha cometido usted desde nuestra última reunión? (2) ¿Con cuáles tentaciones se ha enfrentado? (3) ¿Cómo fue librado? (4) ¿Qué ha pensado, dicho o hecho respecto a lo que duda de si es pecado o no?[3].

Finalmente, además de los otros grupos de dirección que se desarrollaron en torno a sus predicadores y pastores laicos, Wesley también desarrolló "sociedades selectas", una compleja matriz de grupos pequeños para santidad y discipulado entre líderes.

Estrategias de grupos pequeños

Hay dos estrategias básicas para desarrollar un ministerio de grupos pequeños en el día de hoy. La primera incluye formar un grupo pequeño que, a la larga, crezca unido hacia la madurez espiritual. Una ventaja es la intimidad que el grupo desarrolla con el paso del tiempo.

Sin embargo, la debilidad de este modelo se vuelve obvia cuando los miembros inevitablemente maduran a velocidades diferentes. Hasta los miembros de un matrimonio se desarrollan a un paso diferente. Cuando ocurre la disparidad del ritmo de crecimiento, los miembros más fuertes —los que se esfuerzan por más compromiso y disciplina— pueden intimidar a los otros al seguirlos. Pero esas personas pueden estar pateando y peleando por regresar a su zona de comodidad anterior. Finalmente, el grupo avanzará sin los miembros renuentes o se quedará en el más bajo denominador espiritual común.

Otra debilidad de este modelo incluye el concepto de "la silla vacía", que crea la expectativa de que nuevas personas se unirán consistentemente al grupo hasta que llegue a ser suficientemente grande para dividirse. Esto crea tensión porque cada grupo, con el tiempo, tiende a cerrarse.

Los términos "abierto" y "cerrado" en el lenguaje de grupos pequeños se refieren a la capacidad o el deseo de un grupo de aceptar nuevos miembros. Característicamente, si un grupo pequeño se vuelve íntimo, se cierra. Si permanece abierto para incluir a nuevos miembros o para expandirse, fracasa en volverse íntimo. Hay pocos grupos pequeños valiosos que llevan a cabo tanto intimidad como expansión. La segunda estrategia del grupo pequeño usa un modelo de progresión más académico. Cada grupo pequeño se concentra en una necesidad particular o en una etapa de crecimiento espiritual. Los miembros se mueven por el ambiente de crecimiento, de grupo a grupo, conforme son capaces.

Bajo el liderazgo de su pastor, Tommy Nelson, la Iglesia Bíblica Denton en Denton, Texas, ha desarrollado un fuerte proceso de discipulado facilitado por este tipo de sistema fluido de grupo pequeño. Brad Davis, actual director del ministerio de grupos pequeños de la iglesia, explica que en Denton ellos organizan estos grupos en torno a "Cuatro 'E' de la madurez":

1. Etapa de entrada
Grupos de cuidado organizados geográficamente

2. Etapa de establecimiento
Grupos de recuperación para divorciados
Grupos para padres que están criando hijos
Grupos para padres de adolescentes
Grupos de edificación de matrimonios saludables
Grupos de preparación para el matrimonio
Grupos de hombres y mujeres
Grupos de mayordomía financiera

3. Etapa de entrenamiento
Grupos de entrenamiento de discipulado
Grupos de entrenamiento para evangelismo
Instituto bíblico para laicos

4. Etapa de ejercitación
Grupos misioneros
Grupos de servicio
Grupos de proyectos comunitarios
Líderes de grupos pequeños

Cuando un miembro sobrepasa a un grupo pequeño, esa persona discute el paso siguiente con el líder de su grupo pequeño. De esta manera, los miembros pueden evaluar regularmente su crecimiento y, en oración, discernir a dónde ir para desarrollarse más. Incidentalmente, la etapa de preparación en este modelo fluido ha ayudado a la iglesia a entrenar al 95% de sus líderes.

En una comunidad que hace discípulos intencionalmente, cada jugador sabe dónde encaja mejor. Cuando se entiende todo el panorama, los líderes de grupos pequeños no necesitan proteger su grupo ni atesorar sus miembros. Más bien, ellos envían y reciben personas sabiendo que este método ayuda a desarrollar a un ciudadano del reino de Dios que avanza hacia la madurez.

Sea cual fuere la estrategia del líder de grupo pequeño, los cuatro elementos esenciales dentro de los grupos eficaces son: cuidado, crecimiento, entrenamiento y tarea. Estos cuatro elementos se parecen mucho al proceso de crecimiento espiritual y, por esa razón, cada grupo pequeño debiera ofrecerlos en diversos grados de acuerdo con el enfoque del grupo. Por ejemplo, el cuidado del nivel de ingreso o los grupos de convenio expresarán una fuerte orientación de cuidado y un mínimo de orientación de "entrenamiento y tarea". Estos grupos pasarán más tiempo recibiendo a los visitantes y reclutando a nuevos miembros que sirviendo en la despensa de alimentos u ocupados en estudios bíblicos profundos.

Por otra parte, un grupo pequeño con un elemento dominante de entrenamiento puede atascarse en un currículo secuencial de educación espiritual. Tal grupo reflejará los otros elementos también, pero en un grado menor que el de su propósito primario. Un invierno yo dirigía un grupo como éste. Aunque estaban concentrados en el entrenamiento de discipulado, cuando una pareja en un grupo llegó con la noticia de que su hija soltera estaba embarazada, el programa de entrenamiento se tiró por la ventana cuando el grupo decidió enfocarse mejor en el cuidado y la oración.

La tarea de cada grupo pequeño nuevo debe ser decidir cuál de los cuatro elementos representará el enfoque del grupo. Esto es importante porque nada frustrará más a los miembros y a los líderes que tener diferentes expectativas.

Considere a Carlos; él asistía a un grupo pequeño esperando que fuera como el grupo orientado al entrenamiento en el que había estado el año anterior. Él cuenta con el crecimiento mediante más estudio bíblico, de modo que llega motivado para hacer un escudriñamiento serio de la Biblia y anticipa que todos los demás estén igualmente motivados.

Mario, por su parte, entra al grupo en recuperación de un repentino cambio en su carrera. Él se siente agotado, maltratado y harto. Agotado emocionalmente y confuso intelectualmente, Mario quiere involucrarse en un grupo orientado al cuidado. Él busca a alguien que lo escuche y lo aliente.

Si descuidadamente fueran colocados en el mismo grupo pequeño, Carlos y Mario podrían estar en camino de chocar. Para Mario, cuatro semanas para llegar a conocer a los miembros del grupo sería formidable, pero exasperaría a Carlos. Las necesidades diferentes de Mario y de Carlos destacan la estructura de cada grupo pequeño para la gente interesada.

La duración de cada grupo también necesita ser definida. Algunos grupos pueden cumplir sus objetivos en unos cuantos meses mientras que otros necesitarán pasar unos cuantos años juntos. En una nota más sutil, los miembros debieran establecer temprano si quieren estar en un grupo abierto o en uno cerrado.

Cada grupo también necesita identificar el nivel de compromiso que se espera. ¿Es el grupo uno de "entrar y salir" o uno que demanda asistencia regular? Algunas veces pido a los miembros en los grupos de entrenamiento que firmen un acuerdo respecto a las expectaciones y objetivos. De esta manera, establezco requisitos que espero que los ayudarán a probar su resolución y también a terminar fuertes.

Vida a vida: el palo para tiros cortos

De todas las dinámicas de discipulado de relación, la dinámica de vida a vida sigue siendo la menos entendida, experimentada y practicada. Algunos líderes del ministerio nunca han estado involucrados en una relación de mentoría y por eso evitan usarla en el proceso de discipulado. Para otros, el enfoque de vida a vida es demasiado lento. Ellos ven un mar de gente espiritualmente inmadura y el pensamiento de enfrentar solamente a una persona a la vez parece improductivo. O tal vez temen ser acusados de favoritismo. O puede parecer emocionalmente más seguro dirigir enormes reuniones o grupos pequeños.

Los golfistas serios reconocen la expresión: "El palo de madera para exhibición; el de tiros cortos para el dinero". No importa cuán bueno se vea uno poniendo la pelota en el "green"; si uno no puede meterla en el hoyo con un tiro corto, no puede ganar. En el campo de golf, el palo para tiros cortos se usa el doble que cualquier otro palo en la bolsa. Aunque no se necesita una gran capacidad atlética para usar un palo para tiros cortos, usarlo bien requiere mucha práctica.

Cuando Jesús dijo "enseñándoles que guarden todas las cosas que os he mandado" (Mat. 28:20), él sabía que la aplicación y la responsabilidad requerirían muchas relaciones individuales. Por ejemplo, Jesús dio atención personal a gente de todos los niveles del proceso de discipulado: desde la mujer samaritana en el pozo, hasta Pedro, a quien él le habló aparte después de la resurrección.

Dawson Trotman, fundador de Los Navegantes, creía fuertemente en la necesidad de este enfoque de "hombre a hombre" o "mujer a mujer". Fue una parte central de su estrategia para alcanzar marineros durante la Segunda Guerra Mundial. Él pasaba tiempo con ellos mientras estaban en el puerto y los alentaba a que, mientras estaban en el mar, compartieran con otros lo que habían aprendido.

Al final de la guerra, millares de hombres estaban usando el palo de tiro corto de hombre a hombre para alcanzar sus mundos para Cristo. Esta estrategia llevó el ministerio de Los Navegantes a los campos universitarios después de la guerra, y muchas generaciones después me alcanzaron a mí a mediados de la década de 1960, cuando yo era un estudiante universitario.

El palo de tiros cortos espiritual se conoce por una variedad de nombres. En *Connecting* (Conexión), los autores Paul Stanley y Robert Clinton lo llaman "mentoría", algo que ellos definen como "una experiencia personal en la que una persona fortalece a otra por compartirle los recursos dados por Dios"[4]. También identifican un rango de estilos de mentoría desde la intensiva hasta la ocasional y pasiva. Cada situación demanda su propio estilo basado en necesidades y recursos.

En 2 Timoteo 2:2 el apóstol Pablo muestra la manera en que las relaciones de vida a vida obran en tres direcciones. Pablo fue mentor de Timoteo, y Timoteo a su vez fue mentor de otros. Además, Timoteo se conectó con "muchos testigos" —evidentemente otros iguales a él en la misma jornada espiritual— como fuentes de aliento mutuo, de responsabilidad y protección.

Conforme envejecemos, la mentoría puede volverse un método de discipulado más eficaz. Howard y William Hendricks captan esta idea en su libro *As Iron Sharpens Iron* (Como el hierro afila el hierro): "Muchos hombres mayores de 55 años están tratando de alcanzar el banco de suplentes, y se deslizan al retiro definitivo. Se están rindiendo cuando debieran estar muy activos para Cristo"[5]. La mentoría, señalan ellos, es una gran manera de rejuvenecer la pasión por Cristo y el sentido de misión mientras se alienta a alguien más a crecer en la misma dirección.

Mi madre, que tiene 82 años, reflexionaba recientemente sobre lo difícil que se había vuelto para ella dirigir y participar en grupos pequeños de estudio bíblico puesto que su sentido del oído había empezado a disminuir. "En un grupo, me es muy difí-

cil distinguir sonidos y escuchar lo que la gente dice", explicaba.
"Pero todavía puedo hacerlo bien cuando se trata solamente de
una persona, así que estoy orando para que Dios me dé una mujer
más joven en la que yo pueda invertir mi vida". Mi madre no
tiene el propósito de dejar el discipulado. Solamente va a usar
más su palo de tiros cortos.

¹James Rutz, *The Open Church* (Auburn, Maine: The SeedSower, 1992), p. 47.

²Howard Snyder, *The Radical Wesley* (Downers Grove, Illinois: InterVarsity, 1980), p. 61.

³Snyder, p. 60.

⁴Paul Stanley y J. Robert Clinton, *Connecting* (Colorado Springs, Colorado: NavPress, 1992), p. 38.

⁵Howard y William Hendricks, *As Iron Sharpens Iron* (Chicago: Moody, 1995), p. 149.

CAPÍTULO SIETE

Liderazgo auténtico

> Porque Esdras había preparado su corazón para escudriñar la ley de Jehovah y para cumplirla, a fin de enseñar a Israel los estatutos y los decretos.
>
> Esdras 7:10

MIENTRAS CURIOSEABA en una librería el otro día, me asombré de ver cuántos temas había "para principiantes" en libros de superación personal. *DOS para principiantes* (nota del traductor: DOS es un término de un sistema de computación), uno de los primeros libros publicados "para principiantes", apelaba a los iletrados en computadoras. Estos libros amigos del usuario intentan reducir lo complejo a simple para aquellos que solamente necesitan un ligero empujón, una comprensión práctica de un tema. Entonces, ¿por qué no pude encontrar un libro de "Liderazgo para principiantes" en los anaqueles?

Dirigir una comunidad que hace discípulos intencionalmente, sea una iglesia grande o un grupo pequeño, puede ser una empresa muy compleja. ¿Por qué? Porque incluye gente, no solamente un programa. ¿Puede usted adivinar cuál es más difícil de entender?

El liderazgo de discipulado no es una ciencia, sino un arte de persuasión. Por ejemplo, un hábil líder de discipulado puede persuadir a otros a entender una campaña de construcción de edificio de la iglesia como más que solamente un proyecto de ladrillos y cemento. El líder sabe cómo comunicar que la campaña es una oportunidad pàra edificar el carácter espiritual en la gente cuando se sacrifican para completar esa nueva visión. De la misma manera, enseñar a la gente acerca de la resolución de conflictos puede ser una manera no solamente de enseñar acerca de la paz, sino también para desarrollar pacificadores, perdonadores y siervos humildes.

Este tipo de liderazgo transformador en una comunidad de discipulado intencional requiere autenticidad. Hace algunos años, Tommy Nelson, el pastor de la Iglesia Bíblica Denton mencionado en el capítulo 6, compartió cuatro preguntas en nuestra conferencia del personal de Los Navegantes que resaltaban el papel esencial del liderazgo auténtico en la comunidad de discipulado intencional:

◆ ¿Qué clase de personas está tratando de producir su comunidad?
◆ ¿Qué clase de comunidad produce esa clase de persona?
◆ ¿Qué clase de liderazgo produce esa clase de comunidad?
◆ ¿Qué clase de pastor produce esa clase de liderazgo?

Tres metáforas describen la clase de líderes auténticos que impulsan las comunidades que hacen discípulos intencionalmente: modelo, entrenador y padre. Esas metáforas muestran que no se necesitan talentos espirituales sino madurez espiritual para llegar a ser un auténtico líder de discipulado.

Usted puede ser un pastor, un director de la juventud o un superintendente. Usted puede ser un líder de grupo pequeño, miembro de una junta o no tener ningún título. No obstante, el liderazgo transformador auténtico está al alcance si usted sigue el modelo de Esdras. Primero, él preparó su corazón para buscar a Dios. Luego, él aplicó lo que había aprendido. Finalmente, él transmitió ese conocimiento a otros. Este proceso puede describirse en términos de un modelo, un entrenador y un padre.

El líder como modelo

Modelar un liderazgo auténtico crea un ejemplo para que otros lo copien y lo reproduzcan. Cuanto más claro el modelo, tanto mejor el potencial de reproducción. Los líderes de las comunidades que hacen discípulos intencionalmente deben ser modelos, especialmente porque cuanto más compleja sea una tarea, tanto mayor la necesidad de un modelo.

Durante la temporada navideña mi esposa prepara un rompecabezas gigante sobre una mesa y recluta a todos para que la ayuden a armarlo. Los rompecabezas no vienen con instrucciones; solamente un grabado. Cuando yo intento participar en el proyecto, inmediatamente comprendo la importancia del grabado modelo. Yo puedo armar sin ayuda esos rompecabezas de diez piezas para niños, pero no los de diez mil piezas que Mary encuentra para Navidad. La tapa de la caja se convierte en nuestra herramienta más útil, y ¡ay del que se la lleve!

Los líderes del discipulado constantemente se refieren a Jesús de la misma manera en que mi familia se refiere a la tapa de la caja, porque él nos da el mejor retrato de cómo es Dios. Recuerde que Jesús no sólo les habló a los apóstoles acerca de Dios. Él modeló a Dios. Seguro, hubo los mensajes que atrajeron a las multitudes y confundieron a los críticos, pero fue su vida modelo la que los transformó para siempre.

Otros líderes tenían grandes mensajes éticos que también atraían multitudes. Algunos de esos grandes maestros tenían altas posiciones que les dieron audiencia, pero cuando Jesús hablaba, era su vida, más que sus palabras, la que abría los ojos a la verdad. La verdad en sandalias cambió el curso de la historia.

En el libro clásico *Plan supremo de evangelización*, Robert Coleman llama a este ministerio uno de "asociación". Él señala que cuando Jesús entrenaba a los discípulos, "el conocimiento lo adquirieron por asociación antes que les fuera explicado"[1]. Jesús no usaba un aula de clases ni una sala de conferencias. Su método informal contrastaba con la formalidad de sus días y de los

---

nuestros. Luego, cuando ya casi había completado el entrenamiento de los doce discípulos, les anunció sus expectativas: "Además, vosotros también testificaréis, porque habéis estado conmigo desde el principio" (Juan 15:27).

"Escúchenme y los haré pescadores de hombres" es la manera en que muchos tienden a interpretar esas palabras, con el énfasis en "escúchenme". Algunos líderes creen que si pueden empacar el mensaje cristiano muy bien y lo venden con entusiasmo, la gente lo seguirá, pero muchos pastores y líderes de iglesia se sienten frustrados después de años de decirle a la gente lo que debe hacer y cómo hacerlo sin crear muchos nuevos seguidores de Jesús.

En 1968, el lema en el parche de mi unidad en la Escuela de Infantería para Candidatos a Oficiales en Fort Bragg, una base del ejército en Carolina del Norte, EE. UU. de A. era "Sígueme". Las palabras rodeaban una espada vertical y simbolizaban lo que llegaríamos a ser: líderes. En seis cortos meses seríamos transformados de un rango a otro con mucha más responsabilidad. Las semanas iniciales del curso de entrenamiento de oficiales volaron. La curva de aprendizaje fue áspera y difícil, y estábamos demasiado intimidados para pensar racionalmente.

Un día algunos de nosotros caímos en la cuenta de que este no era solamente un ejercicio de entrenamiento; ¡era de verdad! Había una guerra en el Sudeste de Asia que lo más probable era que llegaría ser nuestro primer viaje. El ejército de los Estados Unidos de América necesitaba oficiales de infantería porque nuestros predecesores estaban siendo heridos a un ritmo muy alto. Repentinamente, "Sígueme" no pareció tan bueno, así que salimos con el lema: "¡Dejen de empujarme!".

Algunas cosas pueden ser enseñadas verbalmente y adquiridas conceptualmente, pero volar un aeroplano y discipular no están entre ellas. A sabiendas yo no abordaría un avión piloteado por alguien que acabara de aprender a volar asistiendo a conferencias o estudiando el manual del juego para computadora "Simulador de Vuelo 98". Sin embargo, algunos líderes de iglesia piden a sus congregaciones que se pongan en una situación similar cada día. Por ejemplo, cuando yo hablé con el pastor de una iglesia creciente, él quiso saber más acerca del discipulado intencional. Hablamos de la necesidad de establecer una imagen clara del resultado final y también de la importancia de desarrollar líderes en su iglesia que pudieran ejemplificar el discipulado a otros.

"Aquí es donde tenemos un problema", confesó el pastor. "Yo he sido entrenado sobre la manera de enseñar la Biblia, sobre cómo predicar, y hasta cómo administrar una iglesia, pero nunca he sido entrenado sobre cómo hacer discípulos. Nunca he visto a nadie hacerlo, y mucho menos lo he hecho". Él había captado la visión del discipulado y tenía el corazón para hacer discípulos, pero batallaba por falta de un modelo.

El rey David ejemplificó el liderazgo cuando siguió a Saúl como rey de la nación de Israel que estaba en desarrollo. Bajo su liderazgo, Israel creció de ser un complejo de familias a ser un fuerte poder nacional durante los reinados sucesivos de Saúl, David y Salomón.

Sin embargo, Israel tuvo un principio inestable. Saúl había sido escogido como rey, pero ¿rey de qué? Había poca cohesión, poco ímpetu y pocos recursos. Cuando los filisteos atacaron al ejército de Israel bajo el rey Saúl, los guerreros valientes eran difíciles de conseguir. Cuando el gigante Goliat desafió al ejército, solamente pudieron encontrar un matador de gigantes, David, un pastor adolescente.

Sin embargo, cuando David llegó a ser rey, entrenó a 30 hombres fuertes como matadores de gigantes. Mantuvo a otros 16 en reserva para llenar los codiciados puestos en el equipo de matadores de gigantes. ¿Por qué David tenía un sobrante y Saúl un déficit? Bueno, David era un matador de gigantes y Saúl no. David no necesitaba mensajes, ni amenazas, ni manipulación, ni sobornos. Para Jesús y para David un sencillo "sígueme" era suficiente.

Sin embargo, es fácil para los líderes de la iglesia esconderse detrás de púlpitos, de escritorios y de títulos en vez de ejemplificar a Cristo. ¿Por qué? Porque ejemplificar requiere autenticidad. Requiere practicar lo que uno predica y enseña, lo que beneficia tanto al modelo como al observador. Abrir su vida a la observación íntima puede realmente ser muy saludable.

Hace algunos años empecé un pequeño grupo con tres hombres que querían desarrollar una vida devocional y memorizar textos de la Escritura. Nos reuníamos una vez por semana a las 6 de la mañana. Yo sabía que podía enseñarles habilidades de discipulado; lo había hecho centenares de veces. Pero ahora, yo era vulnerable. No podía depender del éxito del año anterior o de un buen folleto.

La dirección de mi ejemplificación me ayudó a practicar lo que yo estaba enseñando. Fui motivado a una norma más elevada por causa de la responsabilidad de este grupo. De haber dado yo un taller sobre el tema, podría haberme escondido detrás del retroproyector y nunca me hubiera desafiado a mí mismo.

Las cartas de Pablo a Timoteo testifican del poder de una persona que ejemplifica la fe cristiana a otra porque lo que Pablo enseñaba, lo vivía. Timoteo observaba atentamente a su mentor, lo que le dio a Pablo la confianza para decirle: "Pero tú has seguido de cerca mi enseñanza, conducta, propósito, fe, paciencia, amor, perseverancia, persecuciones y aflicciones... Pero persiste tú en lo que has aprendido y te has persuadido, sabiendo de quienes lo has aprendido" (2 Tim. 3:10, 11, 14). Finalmente, Pablo desafía a Timoteo a ejemplificar la fe cristiana para otros.

Duane fue el primer discipulador que encontré mientras estaba en la universidad. Él dirigía nuestro ministerio en el campo universitario. Tenía mucha curiosidad acerca de la enseñanza de Duane sobre del discipulado durante nuestras reuniones semanales, pero esos mensajes hace mucho que abandonaron mi memoria. No importa. La mayor influencia sobre mi entendimiento de este tema tuvo lugar cuando él me invitó a pasar un fin de semana con él y con su familia. Durante esos tres días todavía recuerdo mirarlo manejar cada situación con gracia y sabiduría. Vi el discipulado en acción, un líder auténtico que ejemplificó lo que yo quería ser.

El líder como entrenador

En algunos aspectos ejemplificar el liderazgo parece pasivo cuando se compara con el entrenamiento para el liderazgo. Un entrenador ejemplifica, pero también explica los porqué y los cómo del discipulado. El ver a otros adquirir las destrezas y las aptitudes para actuar bien motiva a un entrenador. Y él o ella solamente triunfa cuando los jugadores triunfan. Además, el entrenamiento incluye desarrollar a individuos y edificar un equipo.

En *Connecting* (Conexión), los autores Paul Stanley y J. Robert Clinton definen el entrenamiento como "un proceso relacional en el cual un mentor, que sabe cómo hacer algo bien, imparte esa pericia a un discípulo que quiere aprenderla"[2]. Más tarde en el libro ellos escriben: "Entrenar es un proceso de impartir aliento y habilidades, mediante una relación, para tener éxito en una tarea"[3].

Los buenos entrenadores pueden decir: "Lo estás haciendo mal", pero añaden: "y esto es lo que necesitas para hacerlo bien". Los entrenadores creen en el potencial. Los motiva la posibilidad del éxito futuro.

El entrenamiento sucede en todas las áreas de la vida —los deportes, la música, la educación, los negocios y otras más— aunque se use una palabra diferente para describirlo. Para el líder discipulador intencional, el buen entrenamiento incluye el dominio de cinco áreas clave: comunicación, concentración, demostración, evaluación y correlación.

Comunicación

Más de una vez he leído un libro sobre un tema emocionante y he titubeado al tratar de explicar las ideas clave a alguien más. Usualmente me avergüenzo tartamudeando antes de sugerir finalmente a mi interlocutor: "Lee el libro". Si yo hubiera alcanzado un nivel más profundo de entendimiento, habría podido compartir mejor lo que había leído.

Los entrenadores, por su parte, conocen su "juego" bastante bien para explicarlo a otros. Su tema es su especialidad. Es como un hilo que corre por toda su vida. Leen acerca de él, piensan en él y se acercan a otros con el mismo hilo de vida. Las cartas de Pablo a Timoteo tienen grandes ejemplos de comunicación eficaz de entrenamiento. Pablo no solamente modela la manera de desarrollar comunidades discipuladoras, sino que también explica claramente el proceso. Considere esta muestra de sus indicadores de entrenamiento:

◆ Aviva el don de Dios que está en ti (2 Tim. 1:6)
◆ Ten presente el modelo de las sanas palabras que has oído de mí (2 Tim. 1:13)
◆ Guarda el buen depósito por medio del Espíritu Santo que habita en nosotros (2 Tim. 1:14)
◆ Fortalécete en la gracia que es en Cristo Jesús (2 Tim. 2:1)
◆ Lo que oíste de parte mía... esto encarga a hombres fieles (2 Tim. 2:2)
◆ Sé partícipe de los sufrimientos como buen soldado de Cristo Jesús (2 Tim. 2:3)
◆ Acuérdate de Jesucristo (2 Tim. 2:8)

Timoteo había escuchado antes esas instrucciones. Habían sido el enfoque de muchas reuniones, ya tarde en la noche y de discusiones temprano en la mañana. Pablo las había explicado ciudad tras ciudad, de modo que Timoteo las había escuchado una y otra vez. Sin embargo, Pablo continuaba desafiando a Timoteo a entenderlas bastante bien para comunicarlas eficazmente a alguien más (ver 2 Tim. 2:2).

Concentración

Durante la década de 1960, se dice que el legendario Vince Lombardi, entrenador del equipo de fútbol americano los Packers de Green Bay, empezaba la temporada de práctica sosteniendo en alto una pelota de fútbol americano y declarando: "Caballeros, esta es una pelota de fútbol". Lombardi implacablemente se concentraba en lo esencial del fútbol, sin importar que estuviera ante principiantes o ante jugadores maduros.

El entrenador John Wooden, que se retiró luego de ganar diez campeonatos de baloncesto universitario, era un entrenador de entrenadores. En su libro *They Call Me Coach* (Me llaman entrenador), él describe su filosofía del éxito como entrenador:

No se trata de lo que uno hace, sino de cómo lo hace. Ningún sistema vale nada si los jugadores no están bien basados en lo esencial. El juego de equipo viene de integrar a los individuos que han dominado lo fundamental en una uniforme unidad de acción. La confianza viene de estar preparado[4].

Como estos sobresalientes entrenadores atléticos, los líderes eficaces de discipulado se concentran en lo fundamental de "conocer a Cristo y darlo a conocer". Las populares nuevas olas de interés azotarán a la iglesia —tendencias y asuntos polémicos que parecen importantes—, pero el entrenador de discipulado debe atenerse a lo básico del acondicionamiento espiritual, a las habilidades del ministerio y al trabajo en equipo.

Al hacer discípulos yo he aprendido a no asumir nunca que los fundamentos están en su lugar. En vez de eso, los repaso con la ilustración de la rueda de la fe cristiana de Los Navegantes (ver "El diseño del discipulado. La nueva vida en Cristo" (El Paso: Casa Bautista de Publicaciones, 2002, p. 29). El borde representa la vida cristiana obediente y los cuatro rayos que mantienen la rueda unida son la Palabra, la oración, la comunión y el testimonio. Esta ilustración de los seis fundamentos ha sido usada en todo el mundo para establecer una armazón sólida para la madurez espiritual.

Demostración
Temprano en mi peregrinaje espiritual mis mentores me alentaron a leer las historias de hombres y mujeres de fe que fueron

modelos históricos de discipulado. Sobresalen Corrie ten Boom, Jim Elliott, Charles Spurgeon, C. T. Studd, William Carey, Hudson Taylor y Dietrich Bonhoeffer. Pero uno de mis modelos más profundos vino de un pequeño panfleto titulado *George Mueller: Man of Faith* (Jorge Mueller: hombre de fe). El corto testimonio de Mueller, el británico del siglo XIX dejó en mí una huella indeleble. Aunque él vivió en una época completamente diferente, su confianza en la provisión de Dios me apresuró a empezar a salirme de mi zona de comodidad, fuera de mis limitados recursos, y fuera de mi carrera de ingeniería, para involucrarme en un ministerio de tiempo completo.

Dios provee modelos en cada generación, y los entrenadores sabios señalan esos modelos. Un entrenador sabio no se siente amenazado por otros que lo hacen mejor que él, sino que acoge la oportunidad de promover demostraciones de calidad en una variedad de uniformes.

Evaluación

Hace años, Lorne Sanny, el entonces presidente de Los Navegantes, a menudo nos recordaba que el personal normalmente quiere hacer tres preguntas a su supervisor:

◆ ¿Qué se espera de mí?
◆ ¿Cómo lo estoy haciendo?
◆ ¿Me ayudará cuando yo lo necesite?

Durante mi primera misión, el establecimiento de una comunidad discipuladora entre estudiantes en la universidad estatal St. Cloud en St. Cloud, Minnesota, enfrenté problemas de adaptación. Yo acababa de regresar del servicio militar y nunca había trabajado antes como parte de Los Navegantes. Durante esos tres años iniciales fui motivado de una manera intensa y proactiva, y también un poco paranoica. ¿Por qué? Porque no estaba seguro de qué hacer, cómo hacerlo y cuán bien lo estaba haciendo.

Periódicamente, mi esposa y yo recibíamos visitas de otros

más altos en la línea de mando de Los Navegantes. Tuvimos importantes visitas, y ellas contribuyeron a nuestro ministerio, pero nunca supe cómo evaluaron nuestro trabajo.

Los Navegantes me asignaron enseguida a la universidad estatal de Illinois en Bloomington. Alan Andrews, actualmente el director de Los Navegantes para los Estados Unidos de América, era mi supervisor y entrenador allí. Gracias a las evaluaciones regulares de Alan, yo me desarrollé con más confianza. Por ejemplo, él me ayudó a aclarar los elementos de la comunidad que hace discípulos, me ayudó a evaluar el éxito de mi ministerio, y me dio recursos cuando yo los necesitaba. Porque él había aprendido la manera de evaluar competentemente, de corregir y de instruir, yo crecí bastante confiado para continuar en mi ministerio, algo que he hecho por los últimos 30 años.

Los líderes que hacen discípulos voluntariamente evalúan y corrigen. No juzgan, pero con honestidad tratan de apoyar el crecimiento en aquellos a los que entrenan. Evitan tratar de impresionar a la gente con lo que saben o con lo que han hecho. En vez de eso, se concentran en desarrollar a otros a su máximo potencial. Ellos también comprenden que lo que influye en otros no es solamente lo que uno dice, sino también cómo lo dice. Finalmente, no tratan a todos de la misma manera: ellos permanecen sensibles a Dios cuando ayudan a edificar madurez espiritual en las vidas de otros.

Correlación

Usualmente un entrenamiento incluye no solamente el desarrollo de individuos, sino también el desarrollo de equipos. Lo mismo es verdad en el discipulado. Los discípulos no se desarrollan en el aislamiento sino más bien en el contexto de la comunidad, de manera que los líderes necesitan desarrollar un equipo para llevar a cabo el proceso del discipulado. Una persona no puede hacerlo todo sola.

En los ministerios de discipulado que yo dirijo, usualmente definimos el proceso en cuatro etapas: evangelización, establecimiento, equipamiento y fortalecimiento. Sin embargo, conforme las personas se desarrollan en las habilidades de su ministerio, cada una contribuye mejor en una o dos de las etapas. No es que ellas no podrían contribuir en las cuatro, pero cada una exhibe definitivamente una inclinación hacia algunas. Mi trabajo, entonces, incluye encontrar esa correlación y desarrollarla. En una iglesia establecimos grupos para cada etapa de crecimiento. Durante el primer año colocamos a nuestros líderes en grupos, sin hacer una correlación con *su* inclinación ministerial. Por ejemplo, una pareja dinámica dirigía uno de nuestros grupos de cuidado a nivel de ingreso. Daniel y Laura estaban dispuestos, y nosotros teníamos una necesidad, pero la inclinación de ellos se enfocaba en la fase de equipamiento. ¿El resultado de este mal emparejamiento? Que ellos se sintieron frustrados por el bajo compromiso de los miembros del grupo, y los miembros del grupo se sintieron frustrados por las altas expectativas que la pareja seguía proyectando. El año siguiente, cuando colocamos a los líderes de acuerdo con sus fortalezas, logramos mucha mejor dinámica de los grupos pequeños.

Así pues, un entrenador sabio ayuda a los jugadores a descubrir dónde se ajustan mejor y a jugar en su posición. Denny Crum, entrenador principal de baloncesto en la Universidad de Louisville en Kentucky, jugaba y entrenaba al lado de Wooden. En el prólogo de *They Call Me Coach* (Me llaman entrenador), el libro de Wooden, Crum escribió acerca del impacto que Wooden tuvo en él y en otros:

Él ha tocado las vidas de los que están en derredor de él y ha inspirado a incontables personas a emular sus maravillosas cualidades: su amor y dedicación a su familia, su aprecio por todos los que jugaron para él, su honestidad, su paciencia y su modestia. Él podía enseñar, impartir su pensamientos en una manera que nunca excluía a nadie y podía entender la frustración de un jugador que quería jugar mejor, tan intensamente, que hasta podía sentirse.

Él controlaba la situación más tensa con la calma y la actitud de un caballero y, lo más importante, sabía cómo escuchar.

Todavía me asombra lo mucho que un entrenador influye en uno... Siempre que hablo en público, lo que es muy a menudo, le doy el crédito a John Wooden por el éxito que he tenido aquí en Louisville. La mayor parte de lo que sé acerca del baloncesto lo aprendí a su lado[5].

El líder como un padre

Así como un entrenador es más que un modelo, un padre es más que un entrenador. El estilo paternal del liderazgo añade dos dinámicas adicionales: gracia y un sentido continuo de linaje espiritual de familia.

En el Antiguo Testamento, los padres judíos discipulaban a sus hijos para asegurar que la siguiente generación seguiría a Dios. Los padres varones en particular debían instruir, enseñar y desarrollar a sus hijos. El pasaje clásico del Antiguo Testamento para Israel lo dice muy claramente:

Amarás a Jehovah tu Dios con todo tu corazón, con toda tu alma y con todas tus fuerzas. Estas palabras que yo te mando estarán en tu corazón. Las repetirás a tus hijos y hablarás de ellas sentado en casa o andando por el camino, cuando te acuestes y cuando te levantes. Las atarás a tu mano como señal, y estarán como memorial entre tus ojos. Las escribirás en los postes de tu casa y en las puertas de tus ciudades (Deut. 6:5-9).

Así, además de ejemplificar la verdad de Dios, el padre la transmitiría diligentemente a la generación siguiente. Este proceso discipulador no era una conferencia del sábado, una vez a la semana o un empleo para el Departamento Judío de Educación. Era una responsabilidad paterna que cubría toda la vida: al sentarse, al caminar, al dormir, al despertar. Si Moisés hubiera escrito esto hoy, habría incluido "al conducir el auto a la práctica de fútbol".

El apóstol Pablo alienta el discipulado también con la metáfora del padre:

Pues aunque tengáis diez mil tutores en Cristo, no tenéis muchos padres; porque en Cristo Jesús yo os engendré por medio del evangelio (1 Cor. 4:15).

Más bien, entre vosotros fuimos tiernos, como la nodriza que cría y cuida a sus propios hijos. Tanto es nuestro cariño para vosotros que nos parecía bien entregaros no sólo el evangelio de Dios sino también nuestras propias vidas, porque habéis llegado a sernos muy amados. Porque os acordáis, hermanos, de nuestro arduo trabajo y fatiga; que trabajando de día y de noche para no ser gravosos a ninguno de vosotros, os predicamos el evangelio de Dios.

Vosotros sois testigos, y Dios también, de cuán santa, justa e irreprensiblemente actuamos entre vosotros los creyentes. En esto, sabéis que fuimos para cada uno de vosotros como el padre para sus propios hijos: Os exhortábamos, os animábamos y os insistíamos en que anduvieseis como es digno de Dios, que os llama a su propio reino y gloria (1 Tes. 2:7-12).

Más que ejemplificar o entrenar, criar como padre subraya la gracia en el proceso de discipulado con imágenes del tierno toque de una madre y también del aliento persistente de un padre. Y eso es una buena cosa.

Carina creció sin un padre. Criada por una madre exigente, encontró su identidad en el atletismo; identidad, pero no seguridad. Aunque aceptó a Cristo cuando era estudiante universitaria, esas inseguridades arraigadas tan profundamente afectaron su relación con Dios.

Un día, ella confió que gran parte de su devoción cristiana surgía de sus temores e inseguridades en vez de amor a Dios. Por eso es que las comunidades discipuladoras necesitan enfatizar que la gracia está en el centro de la familia cristiana. Por supuesto, esta comunidad espera crecimiento espiritual, pero los líderes deben acentuar la naturaleza de aceptación de la gracia de Dios, que dice: "No importa lo que sea; todavía te amo".

Juan registra esta clase de gracia amorosa durante la última Pascua que Jesús pasó con sus discípulos: "...sabiendo Jesús que había llegado su hora para pasar de este mundo al Padre, como había amado a los suyos que estaban en el mundo, los amó hasta el fin" (Juan 13:1). Justo después de su declaración, Juan escribe que Judas deja la cena e intriga los pasos finales de su traición. Él dirige a los guardias al jardín de Getsemaní más tarde en la noche para entregar a Cristo a las autoridades. Estoy seguro de que cuando se aproximó a Jesús, el líder que lo amó hasta el fin, Judas se sintió sacudido. ¿Por qué? Porque Jesús lo saluda no como un adversario, ni con un reproche, sino con la palabra "amigo" (Mat. 26:50).

Los líderes del discipulado auténtico deben comunicar claramente que la gracia no solamente es aceptadora; también es perdurable, nunca se rinde. Estar abatido no es estar fuera; el fracaso no es final y siempre hay un mañana. La gente puede desilusionarnos. Puede rehusar crecer en madurez y hasta puede desafiar nuestros motivos. Pero por causa de la gracia de Dios, siempre podemos ofrecer esperanza.

[1]Robert Coleman, Plan supremo de evangelización (El Paso: Casa Bautista de Publicaciones, 1972), p. 30.
[2]Paul Stanley y Robert Clinton, *Connecting* (Colorado Springs, Colorado: NavPress, 1992), p. 79
[3]Stanley y Clinton, p. 76
[4]John Wooden, *They Call Me Coach* (Chicago: Contemporary Books, 1988), p. 95.
[5]Wooden, p. 7.

CAPÍTULO OCHO

El ministerio más allá de sus recursos

Con todo, tenemos este tesoro en vasos de barro, para que
la excelencia del poder sea de Dios, y no de nosotros.

2 Corintios 4:7

DIRIGIR EXITOSAMENTE UNA comunidad que hace discípulos intencionalmente me recuerda la navegación exitosa de un barco. Un capitán entiende que un barco de velas no tiene poder propio; más bien, se mueve solamente si alguien iza las velas y las posiciona para captar mejor el viento, la verdadera fuente de poder. En algunos barcos de vela, los capitanes pueden usar un pequeño motor fuera de borda para entrar y salir de los puertos, pero sin las velas izadas para captar el viento, es imposible lograr verdadero progreso.

Los líderes de discipulado deben entender que solamente el viento del Espíritu Santo puede mover a un individuo a una vida transformada, espiritualmente madura. Sin reconocer esto, un líder flotará en el agua, impotente para hacer mucho más que remar ineficientemente para avanzar. Sin embargo, izando las velas espirituales y aprendiendo las habilidades de la navegación, ese mismo líder —uno tan limitado en sus esfuerzos humanos— puede ministrar más allá de sus medios. Hay una vigorizante jornada por delante para aquellos que pueden navegar fuera del puerto al mar abierto.

Desafortunadamente, el Antiguo Testamento está lleno de los desperdicios de los ejemplos de naufragios de los que fracasaron en aprender las habilidades para la navegación espiritual. Los reyes de Israel repetidamente iniciaron su liderazgo dependiendo de Dios, pero después de alcanzar algún éxito, retrocedieron para confiar en otras cosas.

Para evitar encallar o naufragar espiritualmente, los líderes del discipulado necesitan izar y manejar hábilmente cuatro velas. Existen otras velas, pero las velas del mástil mayor para el ministerio eficaz incluyen la oración, el quebrantamiento, la fe y la intimidad.

La vela de la oración

Antes de saltarse esta sección con un pensamiento indignado de "¡Bah! ¡Todos saben eso!", considere estos aspectos de la oración, a menudo subestimados, que cuando se desarrollan ayudan a esta vela a desplegarse.

Alabanza

Dios diseñó a los humanos para adorar. En Romanos 1:21-23, Pablo explica que si uno no adora al Dios Creador invisible entonces adora a algo menos (uno mismo, la naturaleza, el dinero, y así por el estilo), pero de todos modos va a adorar. De modo que dirigir toda su adoración y su alabanza a Dios es una parte esencial del discipulado eficaz. Además, la alabanza incluye acción de gracias. Regularmente agradezca a Dios por lo que usted sabe es cierto acerca de su carácter y también por lo que ha hecho y por lo que hará.

Hay dos ocasiones cuando la alabanza es esencial: cuando tenemos ganas ¡y cuando no tenemos ganas! Durante un período particularmente tenso en mi ministerio, el librito de Ruth Myer *31 Days of Praise* (31 días de alabanza), me alentó a izar más alto esta vela cuando podría haberse quedado hecha un montón en la cubierta de mi vida. En esas páginas encontré que ella era una mentora inspiradora. Sus palabras me ayudaron a articular mi alabanza durante este tiempo difícil. Mientras yo me concentraba en el carácter de Dios y lo alababa, encontré el poder para izar la vela de la oración, aunque yo me sentía débil con el desaliento.

Recuerde que casi cada oración principal registrada en la Escritura empieza con alabanza o con acción de gracias. Los salmos rebozan con alabanzas que sacaron a los salmistas del desaliento, de la desesperación o de la derrota, a una nueva esperanza. La alabanza libera la adrenalina espiritual que lo ayuda a uno a izar esa vela mañana tras mañana. Es como una taza de café a las 6 de la mañana. Cuando uno alaba a Dios, obtiene nueva perspectiva, nueva energía y esperanza renovada.

David señala en el Salmo 22:3 que el Espíritu de Dios habita en las alabanzas de su pueblo. El rey Josafat provee una imagen viva de esta verdad. Este rey del Antiguo Testamento creyó a Dios cuando él le prometió librar a Israel de los aplastantes ejércitos de Amón y Moab. Así pues, la estrategia de guerra de Josafat incluyó poner la banda de alabanza al frente de su ejército, y ellos marcharon a la batalla para conseguir la victoria: "Cuando comenzaron el canto y la alabanza, Jehovah puso emboscadas contra los hijos de Amón, los de Moab y los de la región montañosa de Seír que habían venido contra Judá, y fueron derrotados" (2 Crón. 20:22).

Promesas

Mientras estábamos de vacaciones en el estado de Washington, nuestra familia apartó un día para subir en el coche a la cumbre Hurricane y ver el majestuoso monte Olympus. Después de ese día necesitábamos viajar fuera de la región. No fue una sorpresa que llovió en los días previos y el día de nuestro ascenso empezó de la misma manera. Nosotros debatíamos si el viaje valdría la pena. Dado que estaba lluvioso y nublado al nivel del mar, ¿cómo podíamos esperar cielos azules a 1.600 m de altura?

No obstante, decidimos ir. En varias ocasiones, cuando la niebla se hacía más espesa, yo amenazaba con regresar, pero cuando pasamos la marca de los 1.500 m, las nubes se disiparon milagrosamente y contemplamos la vista más asombrosa de nuestras vacaciones hasta entonces. Las cumbres dentadas del monte Olympus sobresalían entre los rayos del sol y creaban un vívido alivio contra las oscuras nubes abajo. Yo me sentí avergonzado de haber cuestionado el valor del viaje.

Más tarde reflexioné sobre cuánto más deleitoso habría sido el viaje a la montaña si yo hubiera preguntado al policía montado en la base acerca del clima en la cumbre. Él me habría dicho que la cumbre estaba despejada y que disfrutáramos el viaje. Las promesas de Dios nos dicen lo mismo: cómo está realmente más allá de la lluvia y la niebla. Él sabe, y sus promesas nos alientan a creer en él y a proseguir.

> Su divino poder nos ha concedido todas las cosas que pertenecen a la vida y a la piedad por medio del conocimiento de aquel que nos llamó por su propia gloria y excelencia. Mediante ellas nos han sido dadas preciosas y grandísimas promesas, para que por ellas seáis hechos participantes de la naturaleza divina, después de haber huido de la corrupción que hay en el mundo debido a las bajas pasiones (2 Ped. 1:3, 4).

Pedro explica que creer en las promesas de Dios nos lleva a la madurez espiritual porque incluye participar más íntimamente de la naturaleza de Dios. Al estudiar las promesas de Dios, uno puede ver lo que hay en el corazón de Dios y, finalmente, cuál es su voluntad. Al izar esta vela en su ministerio de discipulado, usted puede participar más íntimamente con el Espíritu de Dios para cumplir su plan. En lugar de orar para convencer a Dios de que bendiga sus planes, confíe en que las promesas de Dios lo guiarán a vivir por sus planes.

Las promesas de Dios necesitan ser reclamadas, pero la mayoría requiere satisfacer las condiciones. Dios las da y entonces espera que su pueblo se levante y las reciba. Por ejemplo, cuando nuestro hijo tenía unos seis años de edad heredó la bicicleta de entrenamiento de su hermana. Nuestra familia se rige por la costumbre de usar las cosas hasta que se acaben o se dañen del todo, y a esta bicicleta todavía le quedaban muchos kilómetros. Después de heredar la bicicleta usada, me preguntó tímidamente si podría tener su propia bicicleta.

"Papá", empezó, "esta bicicleta es rosada y tiene llantas blancas. Yo quiero una verdadera bicicleta para muchacho; una que sea negra y con llantas nudosas". Yo lo escuché y decidí hacerle una promesa: si él aprendía a conducir la bicicleta de entrenamiento de su hermana, yo le conseguiría la suya negra y con llantas que aventaran la tierra.

Él practicó y para la primavera le quitó a la bicicleta las ruedas de entrenamiento; entonces un día vino a reclamar su promesa. Por supuesto, yo le di la bicicleta más negra que pude conseguir. Todo el tiempo yo había tenido los recursos, pero quería ver si mi hijo realmente quería la bicicleta. Todo lo que él tenía que hacer era satisfacer las condiciones y pedirla.

Yo creo que en una pequeña manera Dios actúa así. Él no detiene el cumplimiento de la promesa porque le falten los recursos o solamente porque es renuente a dar regalos. Más bien, él espera para ver si recordamos sus promesas y regresamos a reclamarlas.

El rey David deseaba intensamente edificar una casa para Dios. El profeta Natán le dijo a David que Dios edificaría casa para él y que, finalmente, uno de sus hijos edificaría la casa para Dios.

David reacciona humillándose ante Dios por medio de la oración para reclamar la promesa y por medio de almacenar recursos. Él oró para que Dios sencillamente cumpliera su promesa:

Ahora pues, oh Jehovah, sea firme para siempre la palabra que has hablado acerca de tu siervo y de su casa, y haz tal como has dicho... Ahora pues, oh Jehovah, tú eres Dios, y has prometido este bien a tu siervo (1 Crón. 17:23, 26).

Efectivamente, años después Salomón, el hijo de David, construyó la casa de Dios y la dedicó reconociendo la promesa que Dios hizo a su padre David:

> ¡Bendito sea Jehovah Dios de Israel, quien con su mano ha cumplido lo que con su boca prometió a mi padre David...! Yo me he levantado en lugar de mi padre David... y he edificado la casa al nombre de Jehovah Dios de Israel... Ahora pues, oh Jehovah Dios de Israel, sea confirmada tu palabra que hablaste a tu siervo David (2 Crón. 6:4, 10, 17).

Salomón continúa la edificación sobre esa promesa mientras mira al futuro y ora pidiendo a Dios que cumpla lo que ha prometido.

Nehemías también oró con su vista en las promesas de Dios. Por ejemplo, antes de acercarse al rey, él revisó la promesa de Dios para esparcir a su pueblo y también para juntarlo (ver Neh. 1:5-11). Ellos habían sido esparcidos, pero ahora Nehemías busca restablecer Jerusalén. Su confianza en las promesas de Dios lo fortalecen lo bastante para enfrentar la oposición que está delante.

La primera promesa que reclamé a Dios fue la de la vida eterna que se encuentra en Juan 3:16. Aunque antigua de siglos, se volvió una nueva promesa para mí cuando la reclamé. Sin embargo, durante mi consiguiente peregrinaje con Cristo, he descubierto muchas otras promesas que Dios hizo y que quiere que yo reclame.

¿Están su vida y su ministerio edificados sobre las promesas de Dios? ¿Está su confianza en lo que Dios ve o en lo que usted puede ver? Cuando la niebla es más espesa, las promesas de Dios son más brillantes. Por eso es que esta vela debe ser izada día tras día.

Peticiones "de los padres"
En una comunidad que hace discípulos intencionalmente la oración necesita concentrarse en la transformación. En Mateo

6:9-13 Jesús enseña a los discípulos cómo orar: hay allí siete elementos que forman una oración básica. Luego en Juan 17, él ejemplifica una oración para un discipulador, un padre espiritual. Cuando Jesús ora, él aclara lo que es importante para Dios, lo que es importante en la vida de los discípulos y lo que debe ser cumplido mediante la oración. Él también destaca la importancia de otras cinco áreas:

1. Unidad (v. 11)
2. Protección (v. 15)
3. Transformación (v. 17)
4. Generaciones espirituales (vv. 20, 21)
5. Intimidad (v. 24)

Todas estas características dan al líder discipulador una sólida estructura de oración. Orar por esas cosas no solamente pide en el Espíritu de Dios, sino también ejercita nuestros propios esfuerzos de discipulado. Orar siguiendo estas líneas hace que los discípulos se concentren en lo que es el corazón de Dios respecto a la madurez espiritual.

El apóstol Pablo ofrece otras normas de oración útiles para dirigir la vida de oración de los discipuladores. En los siguientes pasajes fíjese no solamente en lo que Pablo pide en oración, sino también lo que él deja de mencionar. ¿Cómo se comparan sus peticiones paternales por los no cristianos o por los inmaduros espirituales con las de Pablo? ¿Levanta usted diariamente esta sección de la vela de oración?

Pido que el Dios de nuestro Señor Jesucristo, el Padre de gloria, os dé espíritu de sabiduría y de revelación en el pleno conocimiento de él; habiendo sido iluminados los ojos de vuestro entendimiento, para que conozcáis cuál es la esperanza a que os ha llamado, cuáles las riquezas de la gloria de su herencia en los santos (Ef. 1:17, 18).

A fin de que... os conceda ser fortalecidos con poder por su Espíritu en el hombre interior; para que Cristo habite en vuestros corazones por medio de la fe; de modo que, siendo arraigados y fundamentados en amor, seáis plenamente capaces de comprender, junto con todos los santos, cuál es la anchura, la longitud, la altura y la profundidad, y de conocer el amor de Cristo que sobrepasa todo conocimiento; para que así seáis llenos de toda la plenitud de Dios (Ef. 3:16-19).

Y esta es mi oración: que vuestro amor abunde aun más y más en conocimiento y en todo discernimiento (Fil. 1:9).

Por esta razón también nosotros, desde el día en que lo oímos, no cesamos de orar por vosotros y de rogar que seáis llenos del conocimiento de su voluntad en toda sabiduría y plena comprensión espiritual (Col. 1:9).

La vela del quebrantamiento

El rey David escribió: "Los sacrificios de Dios son el espíritu quebrantado. Al corazón contrito y humillado no desprecias tú, oh Dios" (Sal. 51:17). El quebrantamiento de morir una muerte espiritual al pecado —particularmente el pecado del orgullo— abre otra vela importante. Jesús usa este concepto de quebrantamiento cuando dice: "De cierto, de cierto os digo que a menos que el grano de trigo caiga en la tierra y muera, queda solo; pero si muere, lleva mucho fruto" (Juan 12:24).

El quebrantamiento no se refiere a alguien que es roto en mil pedazos. Más bien, describe a alguien humillado por la manera en que Dios ha forjado corrección o cambio por medio de circunstancias o disciplina. El escritor de Hebreos sabía que, aunque a menudo sea incómodo, el proceso del quebrantamiento —humillación— es sumamente valioso (ver Heb. 12:11). Pero la disciplina sola no producirá la clase de quebrantamiento necesario para el discipulado eficaz. Depende también de la reacción de uno. Algunos se rebelan contra Dios; otros se transforman en una persona más semejante a Jesús.

Por ejemplo, Pablo se humilló a sí mismo al escoger considerar todas las cosas como menos que nada en su deseo de conocer a Cristo (ver Fil. 3:8) y cuando cedió sus derechos para servir a otros (ver 1 Cor. 9). En el Antiguo Testamento, los reyes quebrantados de Israel triunfaron y fueron poderosos. Por otro lado, los reyes orgullosos y autosuficientes fracasaron. Considere estos ejemplos:

◆ El rey Uzías: "Cuando Uzías se hizo fuerte, su corazón se enalteció hasta corromperse. Él actuó con infidelidad contra Jehovah su Dios..." (2 Crón. 26:16).

◆ El rey Asa: "Asa invocó a Jehovah su Dios, diciendo: '¡Oh Jehovah, no hay otro como tú para ayudar tanto al poderoso como al que no tiene fuerzas! Ayúdanos, oh Jehovah, Dios nuestro, porque en ti nos apoyamos y en tu nombre vamos contra esta multitud' " (2 Crón. 14:11).

La oración de Asa suena impresionante, pero unos cuantos años después este rey orgulloso hace una alianza con el rey de Aram. Entonces un profeta pronuncia el juicio de Dios contra Asa y lo inicia diciendo: "Porque los ojos de Jehovah recorren toda la tierra para fortalecer a los que tienen un corazón íntegro para con él" (2 Crón. 16:9a).

El quebrantamiento ocurre cuando usted comprende que es un canal y no una fuente; que es dependiente y no independiente. El quebrantamiento significa actuar para una audiencia de uno... Dios.

Hace años mi hija actuó como violinista en la orquesta del estado de Missouri. Estudiantes de todo el estado fueron seleccionados para este evento de cuatro días, que incluía un director de orquesta invitado de una universidad importante. Después de la gran actuación de la orquesta le pregunté a ella para quién había tocado; a quién quería complacer. Ella lo pensó por un minuto antes de contestar: "Mi única preocupación era si el director pensaba que yo había hecho un buen trabajo. Durante la actuación, yo ni siquiera era consciente de la audiencia".

Finalmente, el quebrantamiento significa rendirse a la voluntad de Dios, una señal segura de madurez espiritual. Hasta Jesús luchó por seguir la voluntad de Dios, según se revela en el jardín de Getsemaní. Como él, usted puede ser tentado a escapar de la voluntad de Dios. Sin embargo, al escapar usted puede estar perdiendo el poder de Dios que hincha sus velas y lo mueve más cerca de las victorias del ministerio.

La vela de la fe

Después de pasar 40 años en la arena del desierto, los hijos de Israel se encontraron en la ribera de un río Jordán caudaloso durante la temporada de inundaciones. No tenían puentes, ni transbordadores, ni botes ni barcazas. Para entrar a la Tierra Prometida debían realizar lo imposible.

"Ni hablar, Josué", debieron haberse quejado. "Tu liderazgo es cuestionable y tus juicios son equivocados. ¡Tiempo perdido!".

Imagínese que usted es uno de los sacerdotes designados para llevar el arca del pacto. Obviamente Josué cree en Dios y les dice a usted y a los otros que levanten el arca y comiencen a caminar entrando al agua. Usted lanza una mirada rápida sobre su hombro y ve a toda la nación. Sus amigos cercanos lo miran con la boca abierta. ¿Parecerá usted ridículo e insensato? ¿Realmente Dios lo alcanzará con poder? Ya lo hizo antes en el mar Rojo, pero ¿qué de ahora? ¿Qué de esta generación? ¿Dónde está Moisés ahora que usted lo necesita?

Y cuando los que llevaban el arca entraron en el Jordán, en cuanto los pies de los sacerdotes se mojaron en la orilla del agua (el Jordán se llena hasta sus bordes todo el tiempo de la siega), las aguas que venían de arriba se detuvieron como en un embalse, muy lejos de Adam, ciudad contigua a Saretán (Jos. 3:15, 16).

Esta historia ilustra dos principios de fe. El primero es que *actuar* en fe libera el poder de Dios. Tan pronto como ellos se detuvieran en la ribera, no habría poder ni milagro, ni tierra seca ni Tierra Prometida. La fe expresada en obediencia resultó en que Dios ejerció su poder a favor de ellos. El segundo es que actuar en fe no necesariamente produce resultados inmediatos. La fe y la obediencia todavía pueden resultar en pies mojados cuando el poder de Dios no se revela inmediatamente. Después de todo, el milagro de los sacerdotes ocurrió río arriba —bien fuera de la vista— mientras estaban parados en el lodo y en el agua caudalosa con una nación mirando. Para captar el poder de Dios ellos tuvieron que mantener izada la vela de la fe por mucho tiempo, como usted tendrá que hacerlo.

La vela de la intimidad

Para muchos de nosotros "intimidad" es una palabra amedrentadora. Las esposas dicen que la quieren, y los esposos no están seguros de lo que es. El diccionario define "íntimo" así: "Lo más interior o interno. Dicho de una amistad: Muy estrecha. Dicho de un amigo: Muy querido y de gran confianza. Perteneciente o relacionado a la intimidad" (*Diccionario de la Lengua Española, Real Academia Española*, Vigésima Segunda Edición, 2001).

Conocer y ser conocido en el centro de nuestro ser es intimidad; algo que es más completo en relación con Cristo. El apóstol Pablo se refiere a la intimidad con Dios cuando escribe a los filipenses: "Anhelo conocerle a él y el poder de su resurrección, y participar en sus padecimientos, para ser semejante a él en su muerte..." (Fil. 3:10). Desde la perspectiva de Pablo, conocer a Cristo no era solamente una búsqueda intelectual o doctrinal; era relacional, de experiencia.

Jesús describe esta conexión íntima con la metáfora de una vid: "Yo soy la vid, vosotros las ramas. El que permanece en mí y yo en él, éste lleva mucho fruto. Pero separados de mí, nada podéis hacer" (Juan 15:5). Sin izar la vela de la intimidad con Cristo, uno no tiene nada: ni vida ni fruto, ni poder.

En su libro *In the Name of Jesus* (En el nombre de Jesús), Henri Nouwen escribió:

> La pregunta central es: "¿Son los líderes del futuro verdaderos hombres y mujeres de Dios, gente con un deseo ardiente de morar en la presencia de Dios, de escuchar la voz de Dios, de mirar la belleza de Dios, de tocar la Palabra encarnada de Dios y de probar completamente la infinita bondad de Dios?"[1].

En otras palabras, tenga cuidado de que su apremiante visión ministerial reemplace su pasión por la intimidad con Cristo. No permita que trabajar arduamente por él se convierta en algo más emocionante que caminar con él, y no deje que servir al rey reemplace el conocer al Rey.

El rey David, gran gobernante y guerrero como era, permanecía centrado en conocer a Dios: "Porque mejor es un día en tus atrios, que mil fuera de ellos" (Sal. 84:10). Otros versículos hablan también de esta intimidad, incluyendo el Salmo 27:4: "Una cosa he pedido a Jehovah; ésta buscaré: que more yo en la casa de Jehovah todos los días de mi vida, para contemplar la hermosura de Jehovah".

La intimidad con Cristo incluye vulnerabilidad, prioridad y consistencia, y nunca se obtiene cuando la exposición es limitada. Reprimirse de permitirle a Cristo que toque cada área de su vida lo mantiene a él a distancia, y usted sufrirá espiritualmente por este vacío.

Sin embargo, si usted y su comunidad discipuladora mantienen en alto la vela de la intimidad, se darán cuenta de que la brisa espiritual se eleva. Y con todas las velas abiertas, usted algún día entrará a la bahía del cielo con mucha compañía para ver a Dios más íntimamente: cara a cara.

[1]Henry Nouwen, *In the Name of Jesus* (Nueva York: Crossroad, 1990), p. 30.

ACERCA
▓ DEL AUTOR

RON BENNETT creció en el estado de Iowa (EE. UU. de A.), y se graduó en la Universidad del Estado con un título en Ingeniería aeroespacial. Mientras estaba en la universidad conoció a Los Navegantes y desarrolló un corazón y una visión por el discipulado. Después de servir como oficial del Ejército de su país, y de estar un período en la guerra de Vietnam, Ron se unió al equipo de Los Navegantes. Como integrante de Los Navegantes ha dirigido ministerios en universidades, en el ejército y en la comunidad. También ha servido como pastor interino en una iglesia local. Ron, junto con su esposa Mary y sus cuatro hijos viven ahora en Kansas City (EE. UU. de A.) donde sirve como entrenador y consultor de líderes e iglesias. Ron ha estado sirviendo con Los Navegantes desde 1970, y actualmente sirve como integrante del Equipo Nacional de Liderazgo del Ministerio de Discipulado para la Iglesia.

ACERCA
DEL AUTOR

EL DISEÑO DEL
DISCIPULADO

Estudios bíblicos diseñados para:

- establecer un plan de estudio personal de las Escrituras
- examinar las verdades y enseñanzas de la Biblia para el crecimiento espiritual
- aprender y practicar lo esencial del discipulado

Cada libro presenta un estudio bíblico interactivo que incluye actividades de investigación bíblica, aplicación y reflexión, con amplio espacio para escribir las respuestas.

1. 0-311-13656-7
La nueva vida en Cristo
2. 0-311-13657-5
La vida cristocéntrica
3. 0-311-13658-3
Caminar con Cristo
4. 0-311-13659-1
El carácter del cristiano
5. 0-311-13660-5
Fundamentos de la fe
6. 0-311-13661-3
Crecer en el discipulado
7. 0-311-13662-1
Nuestra esperanza en Cristo

RAÍCES PROFUNDAS
CREYENTES FIRMES Y FRUCTÍFEROS

Firmemente arraigados y sobreedificados en él y confirmados por la fe, así como habéis sido enseñados, abundando en acciones de gracias. Colosenses 2:7

Estudios bíblicos con mucha aplicación práctica, memorización de las Escrituras e interacción en grupo. Incluye espacios para escribir las respuestas.

Libro 1: 0-311-13882-9 Cómo crecer firmes en la familia de Dios. Guiará al creyente a establecer fundamentos firmes en su vida cristiana, teniendo una relación más cercana con Dios.

Libro 2:
0-311-13883-7
Cómo profundizar sus
raíces en la familia de
Dios. Tiene un enfoque
doble: crecimiento
personal y cómo compartir
con otros su fe. Despierta el
deseo de memorizar las
Escrituras y un método
para hacerlo.

Libro 3:
0-311-13884-5
Cómo llevar fruto en la
familia de Dios. El lector
aprenderá maneras de llevar
a cabo su ministerio personal y permitir que Cristo pro-
duzca fruto en su vida.

¡Nuevo! Encontrará una guía del líder para los libros 2 y 3 en: www.casabautista.org

Seguridad y crecimiento

0-311-13666-4 Seguridad en Cristo. Cinco verdades para obtener una vida victoriosa. Cinco estudios bíblicos cuyo propósito es ayudar al creyente a superar cualquier duda acerca de las promesas de Dios en cinco áreas clave de la vida cristiana: La seguridad de la salvación, la seguridad de la oración contestada, la seguridad de la victoria, la seguridad del perdón y la seguridad de la dirección.

0-311-13670-2 Crecimiento en la vida cristiana. Ocho estudios bíblicos diseñados especialmente para ayudar a los creyentes a madurar en la vida cristiana. Se incluyen los siguientes temas: Pon a Cristo primero, su fortaleza, la Palabra de Dios, amor, dar, la iglesia, las buenas obras y testificar.

0-311-13854-3 Lecciones para nuevos creyentes. Maestros. Nueva edición revisada y ampliada. Jorge Enrique Díaz y Josie de Smith. Con ayudas didácticas para el líder. Incluye sugerencias para ayudas visuales.

0-311-13855-1 Lecciones para nuevos creyentes. Alumnos. Nueva edición revisada y actualizada. Santiago Crane W., Jorge Enrique Díaz F. y Alicia S. de Zorzoli. Cuaderno de trabajo con 13 lecciones.

0-311-13856-X Lecciones para nuevos creyentes. Edición Juvenil. Carlos G. Sánchez y Anthony Echeverry. El mismo enfoque del libro #13855, pero con un lenguaje, diseño y estilo especial para los jóvenes.

0-311-13017-8 Mi crecimiento en Cristo. James D. Crane. Ocho estudios bíblicos básicos para el desarrollo espiritual de nuevos creyentes. Viene en cuadernillo con hojas desprendibles.

0-311-13862-4 My Growth in Christ. James D. Crane. El siempre popular "Mi crecimiento en Cristo" **en inglés.**

0-311-70028-4 Ma Croissance en Christ. James D. Crane. Ocho estudios bíblicos para el desarrollo espiritual. ¡Ahora **en francés!**